学会保持健康

[德] 乌尔里希·施特龙茨　迪尔克·康纳茨◎著

邓慧嘉◎译

四川人民出版社

图书在版编目（CIP）数据

管好自己最重要 /（德）塞巴斯蒂安·索尔等著；
邓慧嘉译 . -- 成都：四川人民出版社，2017.8
（儿童自我成长小百科）
ISBN 978-7-220-10045-1

Ⅰ . ①管… Ⅱ . ①塞… ②邓… Ⅲ . ①自我管理—研
究 Ⅳ . ① C912.1

中国版本图书馆 CIP 数据核字（2017）第 040161 号

著作权合同登记号　图进字：21-2017-447

Published in its Original Edition with the title
Fitness - fit in 30 Minuten
Author: Dirk Konnertz, Ulrich Strunz
By GABAL Verlag GmbH
Copyright © GABAL Verlag GmbH, Offenbach
This edition arranged by Beijing ZonesBridge Culture and Media Co., Ltd.
Simplified Chinese edition copyright © 201 ？ by Beijing Reader's Cultural &
Arts Co., Ltd.
All Rights Reserved.

儿童自我成长

之 快速学习法

本书旨在让你短时间内了解如何更加健康地生活。

● 每一章都围绕三个核心问题展开。

● 每一章末尾将再次总结最重要的内容。

● 结尾还将重磅奉上 10 条健康黄金准则。

本书结构清晰明了，便于你随时拿在手中翻阅自己感兴趣的部分。

目录

开篇语

"健康的精神住在健康的身体里（Mens sana in corpore sano.）"，古拉丁人如是说。因为他们那时候就已经知道：精神健康和身体健康是直接关联、密不可分的。只有身体健康的人，才能达到最佳的精神状态——更快、更专心、更有想象力地思考和学习。但这句话的内涵如今已经被遗忘殆尽。

现在，越来越多的儿童和青少年越来越少地参加运动。在德国，人们用于运动的时间几乎等同于找钥匙的时间。每5个孩子中就有1个超重，而且这个比例还在不断增长。

美国人曾这么描述德国人：在那里，很多人的体力从这个汉堡店走到下个甜甜圈店就耗尽了，而力气只够应付一个单手臂的歹徒。

是拥有还是失去

"要么拥有，要么失去！"这是医学界重要的法则之一。只有当你真正运用你的肌肉、骨骼、关节，甚至头脑的时候，你才会真正拥有它们，身体才会健康，才会充满活力和能量。

健康的三大支柱

如果你想变得健康或保持健康，就要在生活中注意以下三个方面：

- 适当的运动。

- 健康的饮食。

- 坚强的意志。

我们将在本书中向你具体展示如何实现健康，希望你能从中受到鼓舞，以后更健康地生活。

乌尔里希·施特龙茨

迪尔克·康纳茨

(1) 你的健康程度如何

- 如何能够获得并保持健康和苗条?

- 你知道既有益于身体健康又有利于智力发展的
  营养物质吗?

- 低脂食物有哪些好处?

　　人的身体大约由700亿个细胞组成，其中包含大概1260亿千米长的遗传性物质DNA（脱氧核糖核酸），上面有2万～20万个基因，其中大部分基因每天都影响着你的健康、面貌、感情生活和情绪。不健康的生活方式会导致基因缺陷，甚至变异，那样会造成基因功能丧失，从而使人体疲乏无力，情绪失常低落，注意力无法集中，一副病快快的模样——拥有的精力大概仅够你找到待在家里不学习、不运动的借口而已。

　　疾病的每次发作都会损伤身体细胞，造成能量流失，以致人体更易被病毒感染，寿命也有可能因此缩短。

每个人都能健康

如果你的700亿个细胞都能得到保护，那么它们就能正常地运转，给你带来能量。你会因此感觉幸福，不但身材苗条、健康且充满活力，而且专注力提高，动力十足。

如何才能做到这一点呢？别担心！即使你目前感觉自己像一团瘫软的沙袋，将来也能变得健康有活力，而且这并不难，也不需要很长的时间。

健康小测试

通过这个健康小测试能让你对自己的健康状况有一个初步的了解。请回答下列问题，选择最接近自己的选项。

1. 你的休闲时间大部分是如何度过的？

   ● 当然是运动。（1）

   ● 和朋友一起玩。（2）

   ● 待在电视机和电脑前。（3）

2. 你经常做运动吗？

   ● 每周多于6个小时。（1）

   ● 每周3~6个小时。（2）

● 运动对我来说是件要命的事！（3）

3. **楼梯和电梯，你如何选择？**

● 一直都爬楼梯。（1）

● 看心情。（2）

● 我傻吗？当然是选电梯！（3）

4. **你抽烟吗？如果抽，抽多少？**

● 完全不抽。（1）

● 每天不超过2支。（2）

● 每天超过2支。（3）

5. **你喜欢吃水果吗？**

● 每天都吃好几次。（1）

● 会定时吃。（2）

● 吃得很少。（3）

6. 你喜欢吃新鲜蔬菜吗？

- 吃饭必备。（1）

- 在家总是吃。（2）

- 不会摆上餐桌。（3）

7. 你经常生病吗？

- 几乎从不。（1）

- 有时候。（2）

- 越来越频繁。（3）

8. 在吃面包的时候你会优先选全麦类吗？

- 通常都是全麦面包。（1）

- 看情况。（2）

- 什么是全麦？（3）

9. 你的体型（体重、身材）如何？

- 完全正常。（1）

- 相当满意。（2）

- 好吧，需要一些小小的调整。（3）

10．你经常感觉疲惫或无法集中注意力吗？

- 不，我一直都精力充沛，集中专注。（1）

- 有时候会。（2）

- 我简直就是一摊软泥。（3）

11．你感觉压力很大吗？

- 不，我能让自己平静下来。（1）

- 有时候，但不多。（2）

- 我的老天爷，放过我吧！（3）

12．你能快速放松下来吗？

- 是的，为下次任务蓄势待发，这很重要。（1）

- 如果我想，就可以。（2）

- 几乎不能。（3）

13. 你做事充满激情吗?

- 如果事情很有趣，我会激情四溢，精力完全不够用。(1)

- 在某些情况下会超乎平常。(2)

- 通常都极其低落。(3)

健康测试结果

现在计算出你的总分！

总分：

13~20分：

你非常健康。尽管如此，我们仍然希望能够通过这本书给你一些建议，让你一直保持健康并享受健康带给你的乐趣。

21~28分：

在很多方面你选择的都是有助于健康长寿的生活方式。本书会给你一些建议，让你更健康。

多于 28 分：

读到这本书，你是幸运的。它能帮助你改掉损害身体健康的坏习惯。

必须做的3件事

今后必须特别重视的3件事：

● 适当的运动。

● 健康的饮食。

● 成功的情绪管理。

☺ 适当的运动能让你保持健康活力和苗条身材

适当的运动能让你的身体和头脑保持清醒，加强持久力和注意力（特别是在学习方面），状态更良好，生活更快乐，身体更协调……

运动是长期保持身材和健康的唯一方式。适当的运动能让你成为脂肪燃烧机，持续燃烧多余的脂肪——甚至在睡觉的时候。

运动还能防止筋骨变硬，使肢体灵活。

☺ 健康的饮食是身体的发动机

健康的饮食能让身体和精神更加健康。

下列是在每天的饮食中必须格外注意要摄取的营养物质：

● 蛋白质；

● 维生素；

● 矿物质。

这些营养物质是保持健康的法宝。你肯定感到惊讶了吧！不仅如此，它们还能让你更聪明、更有活力、更有激情，而且拥有更好的心情。

☺ 管理情绪，克服压力

积压成疾，很多的疾病都是因为过度的压力而造成的，有的甚至会致命。如果你经常适当地运动，保持健康的饮食，这些压力都是可以消除的。另外，情绪管理能让你的思维更有想象力，有助于实现愿望和目标。

在开始讨论个人健康的三大支柱并提出实用建议之前，先描述一下你将借助我们的健康计划打败的最强对手。

消除脂肪

你的第一号强敌就是脂肪！脂肪存在于大量食物中，比如薯条、烤肠、薯片、冰激凌、奶油蛋糕等。脂肪会引起肥胖、多病，长年累月还会影响精神状态。脂肪堆积在血管里，像一块磁铁一样吸附流经血管的钙、免疫性细胞及其他器官释放的垃圾。这会引起血管堵塞，导致氧气输送到各个器官的速度变缓。

🙂 脂肪堆积

脂肪堆积在颈动脉会降低氧气至大脑的输送速度，阻碍人的思考和记忆，极端情况下还可能会造成中风。如果心脏冠状动脉堵塞，那么到达心脏的血液将越来越少，心肌缺血缺氧，就会造成心绞痛，甚至演变成心肌梗死。如果腹部的体动脉受影响，那么腿部将缺氧，造成行走和奔跑越来越困难。最后脂肪会移向显眼的地方：肚子、屁股、手臂、腿，这些地方都开始出现碍眼的松弛。

德国人平均每天摄取142克脂肪。其实对于普通人来说60克就足够了，只有运动员需要得稍微多一些，大约是普通人的两倍。

☺ 准则 1：降低脂肪

吃低脂的食物，如切掉香肠和肉油腻的部分，不要把食物浸泡在油或酱汁中。你可以做的包括：

- 喝脱脂奶粉代替全脂奶粉。
- 禽类香肠代替畜类香肠。
- 煮土豆代替炸薯条。
- 水果冰激凌代替奶油冰激凌。
- 水果糖代替巧克力。
- 红色谷物代替巧克力慕斯。

这样你就能轻松地将摄取的脂肪总量减少一半，那么身体会因此充满感激。

☺ 准则2：燃烧脂肪

在血管和臀部堆积的脂肪可以随时再次被燃烧，肌肉借助脂肪酶就可以消除脂肪。但是如果你的肌肉锻炼过少，也就是说你几乎不运动，那么你所拥有的那一丁点脂肪酶将不足以燃烧脂肪。

☺ 身体里的脂肪含量

各种体型和身高的人都可能是健康的，体重和外表不能单一地说明身体的真实状况，体内的脂肪总量才是健康的关键指标。因为肌肉比脂肪重，所以一个又轻又瘦的人可能比一个又高又壮的人肌肉含量更高。

只要肌肉纤维还能吸收脂肪，人的重量就不会增加。直到肌肉组织不能再接受多余脂肪的时候，皮下的脂肪层才会生长，导致重量增加，皮肉明显松弛。

现在有特殊的电子秤能够快速测量出身体的脂肪含量，其工作原理就是通过测量细胞阻力造成的弱电流来判断脂肪所占的百分比。

☺ 微胖健康胜过精瘦不动

这个结论是由著名的达拉斯库伯有氧健身操研究所在调查了 25 000 名正常和超重的人后得出的。在测试期间，不运动的一组死亡的人数比参加健身的一组高 3 倍。

☺ 节食毫无意义

很多人认为他们的身材问题可以通过节食来解决。节食虽然能让他们短时间内变瘦（大多是水分流失的结果），但之后很快又会胖回来，甚至比之前更胖，原因在于身体下意识地认为要为下一次的饥饿疗程储备更多的脂肪——这就是著名的 Jojo 效应，即反弹。

因此，长期有效消除脂肪的方法只有一个，就是燃烧脂肪，也就是常常进行适当的运动。

小结

- 健康意味着身体和心灵的舒适、健康、幸福和满足。
- 身体和精神的健康密不可分。身体健康，你就能更专注、更持久、更有激情。
- 个人健康的三大支柱：适当的运动、健康的饮食及情绪管理。
- 脂肪是你最大的敌人，它堆积在血管、大脑和臀部。身体里堆积的多余脂肪任何时候都可以通过适当的运动重新燃烧。

② 运动带来健康

- 运动不仅让你更健康，而且更快乐，为什么？

- 哪些运动适合你？

- 为了达到最好的运动效果，你必须注意什么？

健康研究显示，1977年10岁的孩子在6分钟内平均能跑1200米，1991年同样年龄的孩子平均只能跑800米……研究结果显示的数据还在不断下降。过去我们的祖先猎取食物，今天人们去饭馆、麦当劳、商场。

其实奔跑和捕猎是人的天性，但是人类却逐渐丧失了这种能力，成为一个坐着的群体——一群整天坐在学校、办公室、电脑前、电视机前的肥胖的人。

运动让你更聪明

这是著名的脑研究专家特伦斯·塞约维斯基的论断。萨尔克生物研究所用老鼠做了一项实验，在持续滚动的轮子里不断奔跑的老鼠，在记忆力测试中显示了明显的优势。它们负责长期记忆的脑区中存活的脑细胞是那些懒懒地蹲在窝里的老鼠的两倍。

　　在这一章中，你将了解如何通过运动提高脑力，以便更快更有创意地思考。

运动创造奇迹

很多人认为运动是要命的事情，这其实是个误区。事实上，在健康范围内的适当运动甚至可以创造奇迹！

🙂 运动强健心脏和肌肉

一个不运动的人在安静状态下的心率大概是每分钟60~80次，一个运动的人大概是每分钟40~60次。运动的人每年心跳次数少，大约1 000万次。

运动不仅能降低心脏的负荷，而且能使心跳更强劲有力。此外，通过运动还能产生更多向肌肉及整个机体输送氧气和营养成分的血管。

身体中大约25%~50%的细胞是肌肉细胞，它们可以通过运动获得更多营养物质和力量。

如果学习的时候长时间坐在椅子上，你的肌肉会慢慢缩紧，会感到疼痛，脑袋嗡嗡作响。为了防止血液循环受阻或者肌肉萎缩，在学习中也要注意运动，每隔一段时间休息一下，做一些伸展筋骨的运动。

☺ 运动消除压力

如果我们的祖先在狩猎的时候突然遇到危险的食肉动物，体内的肾上腺素就会激增。在几千米的逃跑过程中，这种不健康的压力荷尔蒙会逐渐被消除并清出体内。每个人的血液中都有或多或少的压力荷尔蒙。压力荷尔蒙会损害人的血管，使血管长期收缩，导致代谢物附着。因此减少压力荷尔蒙非常重要。如果你定期运动，将来面对压力和恐惧时就会更加冷静。

☺ 运动清理身体

除了压力荷尔蒙，其他在体内循环的垃圾（新陈代谢产生的废物）也能通过运动被"释放"到体外。

☺ 运动增强免疫系统

运动能够增加免疫性细胞，这些细胞能成功对抗细菌和病毒，甚至癌细胞。30分钟的慢跑就能让你血液中的免疫性细胞增加30%。

☺ 运动让你更快乐

运动会直接影响人的心理。它会提高正面的压力荷尔蒙正肾上腺素，然后释放出快乐荷尔蒙，让你的情绪高涨，心情更好，心态更平和。

☺ 运动让你活到老，健康到老

老年人会渐渐被困于或大或小的身体疾病中，肌肉、骨骼、关节疼痛，走路也变得困难起来。人如果长期不运动就会慢慢变得四肢僵硬，无法动弹。

☺ 运动让你更苗条

运动能让你的新陈代谢能力增加25%，使每天摄入的食物被消耗，而不是变成脂肪堆积在臀部。

通过适当的体能训练，你身体内的细胞会受到刺激，线粒体——细胞的"发电站"——会变得更加强壮，高效有力，寿命更长。通过适当的运动，你甚至可以将线粒体的数量增加6倍!

从贪睡鬼变成奔跑的人

身体和精神的持久力密不可分。爬几级台阶就开始气喘的人，通常在学习和工作的集中力方面也存在问题。但是身体的持久力，即体能，是可以训练的。

例如凯利家庭乐队的领队兼吉他手乔伊·凯利在短时间内从一个电视迷变成了一个顶级极限运动员——他在一年的时间里完成了8次铁人三项运动（一次铁人三项运动包括：游泳3.8公里，骑单车180公里，赛跑42.195公里）。

☺ 成功方程式：有氧运动

体能训练是通过运动呼吸比身体机能所需更多的氧气。在有氧运动中，你不需要太费力就能得到锻炼，让肌肉获得足够多的能量去燃烧脂肪。

如果你想更快，让自己获得更大的刺激，那么就可以进行无氧运动。在无氧运动中肌肉会释放氧气。为了更快地获得能量，你每天都要从食物中摄取500克碳水化合物。

最有效的方式是通过有氧运动训练体能，即吸收充足的氧气，简单来说就是有节奏地缓和运动。在慢跑、溜冰等运动中，如果能轻松地跟同伴聊天，那么你的氧气吸入量就是合适的。

如果运动速度过快，会导致呼吸急促，脉搏加速，在这种情况下，你需要适当减缓运动的速度。

如果你想知道自己运动时的最佳脉搏数，可以让保健医生通过负荷测试确定。借助脉搏计（体育用品商店可以买到）你就可以在运动时控制自己的脉搏不超过最佳范围。

运动计划可以参照下面的建议：

● 星期一：散步30分钟；

● 星期三：骑单车1小时；

● 星期五：慢跑30分钟；

● 星期六：溜冰或游泳1小时。

在所有的运动中都应该遵从"简单、轻松、微笑"的原则。相对来说，运动越频繁，时间越长，体能提高得越快。当然，这也不是绝对的。

慢跑绝对是最佳的选择。因为在慢跑的过程中，70%的肌肉都得到了锻炼，而骑单车是35%，游泳是15%。比慢跑更有效的是滑雪，它会唤醒90%的肌肉。越多肌肉被激发，就有越多脂肪被燃烧。

☺ 检测运动效果

运动是否奏效可以通过脉搏数是否降低来检测。如果降低了，就表示你的体能已经有所提高了。

台阶测试

选择一栋台阶多的（至少100级）建筑物。出发前测量一下脉搏数。现在保持匀速一级一级往上爬。用表控制速度，每秒两级。到达终点的时候再次测量脉搏数。将两次脉搏数（出发点和终点）相比，你就能得到自己的负荷值。

每4周重复一次测试，你会发现自己的体能在持续增强中。

☺ 体能强健，益处多多

体能训练让你更聪明、更有想象力

体能训练能让大脑获得双倍氧气，从而使思考能力加倍，想象力不断被激发。

体能训练让你情绪更高涨

有氧运动会让身体产生安多芬和血清素这两种能让人快乐的成分。让情绪高涨的心理性药品，其原理就是提高了血清素的含量。

体能训练让你燃烧更多脂肪

体能训练能让你的肌肉成为燃烧脂肪的"火炉"。4周的体能训练后你将发现，肌肉在30分钟的有氧运动中燃烧的脂肪提高了20倍。

注意：如果长时间没有运动，身体里所含的脂肪酶就会减少。因此，在体能训练中必须首先重新让身体产生这种能分解脂肪的酶，这样身体才能开始燃烧脂肪。万事开头难，一定要持之以恒！

让你健康的一些运动

在后面的表格中，我们将介绍不同运动的优势，并从以下几个方面判断其功能：

- 体能；

- 注意力；

- 灵活性；

- 背部塑造；

- 协调性；

- 减肥。

每种运动的功能都有所不同，所以下面的表格只是对各项运动进行了一个大致的描述。

有条件的情况下，你可以参考体育教练的意见，他会以你的身体状况具体判断哪些运动最适合你。

表格中所介绍的运动效果也只有在以正确健康的方式进行的前提下才能达到。如果过度无节制地进行有氧操运动，则有患心脏病的危险。在这种情况下，根本不能对体能有所加强，就更别说减肥了。

	体能	灵活性	协调性	背部	减肥
有氧操	●	●	●	●	●
羽毛球		●	●		
射箭			●		
足球		●	●		
高尔夫		●	●		
慢跑	●				●
皮划艇	●		●		
拳击		●	●		
单车	●	●			●
游泳	●	●	●	●	●

（接下页）

	体能	灵活性	协调性	背部	减肥
壁球		●	●		
滑雪	●	●	●		●
冲浪		●	●		
跳舞	●	●	●	●	
网球		●	●		
竞走	●			●	●

正确地进行运动

为了达到最好的运动效果，你应该注意以下几点基本的运动原则。

☺ 开始运动之前：不要忘记热身

为了让你的身体达到适合运动的体温，热身、伸展或放松等准备工作非常重要，特别是如果长时间没有运动的话，热身能预防突然运动可能造成的损伤。

☺ 慢慢提高，不要一蹴而就

不要设定过高的运动目标，以免遭受挫折或造成身体的过度负荷。首先提高运动的频率，然后延长每次运动的时间。

39

☺ 每次最少运动30分钟

在体能训练方面，只有运动30分钟以上才有效果。

☺ 让身体适当休息

身体不是机器，它每天的状态取决于你的想法、心情、饮食等。要知道，也许你对自己的身体存在过高的期望，如果身体今天不想做你想做的，那么就停下来，休息一下。

☺ 慢慢停下来而不是急速刹车

身体运动之后需要一些时间恢复。运动到最后虽然筋疲力尽，但不要立刻停下来，如果加入一点让身体冷静下来的时间，你的身体会以最快的速度、最佳的状态恢复，例如足球运动员在训练结束的时候会再放松地跑动10分钟。

小结

- 运动会带来奇迹，它能让你的心脏和肌肉更加有力，能消除压力，能增强免疫力，能让你保持青春和身材。

- 体能强健精神就会更加强健，就能保持更长时间的专注。经常进行有氧运动能快速轻松地增强体能。它会让你更加聪明，更有想象力，唤起你的快乐荷尔蒙，让你的肌肉成为燃烧脂肪的小火炉。

- 定期运动，并且注意基本的运动原则，你就能获得健康与快乐。

③ 饮食带来健康

- 我们的饮食包括什么?

- 没有维生素片我们应该如何正确饮食?

- 哪些营养物质会让我们更健康? 从哪些食物里能获得所需的营养物质?

以前我们的祖先吃他们能找到的食物：运气好的时候有牛羊腿，其他时候就只有水果、蘑菇、植物根茎和谷类。

当今快餐时代的文明，人类吃芝士汉堡加土豆片、薯条加巧克力棒，喝可乐。他们不仅越来越老，而且越来越多病。在这种情况下，生活质量受到严重影响。造成这种趋势的关键因素是：我们摄取了过多脂肪！

脂肪不仅会让人变胖，而且会损害人的机体组织。例如脂肪会堆积在大脑中，让人反应变慢。因此应该注意减少脂肪的堆积，那样不仅会让你更苗条，而且更健康长寿。我们的口号不是少吃，而是少吃脂肪含量高的食物。如果每天少摄入10克脂肪（相当于一汤匙黄油），那么每年能减少体重4.7公斤。如果还能搭配适当运动，那么健康尽在手中。

另外，在饮食中还要注意营养物质的摄取，它们在速食中的含量非常有限。

食物的营养成分

像已经提到过的那样，每天最重要的营养成分由蛋白质、维生素和矿物质组成。它们会让人健康，提供人体所需的能量。

最棒的一点是：这些营养成分可以通过日常的饮食获取，而不需要借助维生素片或其他的营养药物。

☺ 蛋白质——生命之源

蛋白质是最重要的营养成分。它的作用是让身体产生荷尔蒙，激活免疫系统，修复细胞，形成肌肉。你的身体只有在存在足够蛋白质的情况下，才能让所有器官以最佳状态运转，头脑更清醒，注意力更集中，身体更加健康。

蛋白质富含量最多的食物之一是小扁豆，高达23％，脂肪含量仅1％。其他荚果类食物还包括稻米、小麦、小米、燕麦等。鱼、肉和奶制品虽然也富含蛋白质，但同时也含有一定量的脂肪。通过下表你能够找到更好的脂肪含量少的高蛋白食物。

低脂肪蛋白

	脂肪（％）	蛋白质（％）
鱼		
鳕鱼	0.3	17.0
贝类	0.3	17.0
鳟鱼	2.0	20.0
虾	1.8	18.0
大比目鱼	2.0	20.0
石斑鱼	4.4	22.0
鲈鱼	3.6	18.0

（接下页）

低脂肪蛋白

	脂肪（%）	蛋白质（%）
肉		
小·牛肉	1.0	21.0
鞑靼牛排	4.0	20.0
牛腿	8.0	20.0
家禽	6.0	20.0
奶制品		
奶酪	2.0	14.4
脱脂酸奶	0.3	4.0
黄奶油	0.6	3.3
荚果		
小·扁豆	1.0	23.0
白豆	2.0	22.0

☺ 维生素——青春之源

维生素能加速新陈代谢。摄入身体的维生素越多，你就会越有活力。所以每天都要在不同时间段补充大量维生素。它主要存在于新鲜水果、沙拉和蔬菜中。

但是注意：维生素易被高温、空气和光破坏。炒蔬菜、煎肉及烤面包的时候，食物中85％的维生素都会被破坏。熟食中原本的维生素只有大概60％被保留下来，其他的都在制作过程中流失了。

以下是摄取维生素的一些建议：

- 喝鲜榨果汁或蔬菜汁。

- 购买有机商店或者超低温冷藏的沙拉、未加工的食品或蔬菜（超低温冷藏的蔬菜维生素含量更丰富）。

- 食物储存时间不宜过长，吃之前再切成小块。水果尽量不要削皮。

- 每天在阳光下走半个小时，紫外线能促进体内维生素D的形成。

- 维生素C尤其重要，它能增强免疫力，预防疾病（包括癌症），加快脂肪的燃烧。

富含维生素的食物

维生素 A	绿色蔬菜、沙拉、胡萝卜、西红柿、红椒
维生素 B	干果、麦芽、全麦、蔬菜、土豆
维生素 C	新鲜水果、蔬菜、沙拉
维生素 D	蛋黄、鱼、牛奶、黄油
叶酸（B 族维生素）	奶酪、全麦、暗绿色叶状蔬菜
生物素（维生素 H）	蛋黄、西红柿
胆碱（B 族维生素之一）	全麦、蔬菜、软磷脂
维生素 K	酸菜、绿色叶状蔬菜、西红柿、香草

☺ 矿物质——新陈代谢的力量之源

钙、镁、碘、铁、锌等矿物质和维生素一样重要，它们是新陈代谢的原动力，能让你的身体机能更加强健。跟维生素和蛋白质一样，矿物质不能由身体自身产生，而必须从饮食中摄取。

在有机商店购买沙拉和蔬菜更好，自然生长的蔬菜所含的矿物质比在温室中人工培植的多3倍。

饮食小建议

　　琳琅满目的广告推销得最多的就是吃喝类的消费品，而我们对此也深信不疑。我们迷信运动型饮料、维生素片、混合麦片、女士优格、水果奶酪，但其实很多产品的广告语与产品本身并不相符。

☺ 多糖易病

　　放弃糖、甜食、甜饮料。糖（包括葡萄糖）会扰乱你的新陈代谢，让脂肪细胞的数量急剧增加。来自香蕉、橙子、苹果等水果的果糖不同于葡萄糖或巧克力棒，后者会导致血糖不稳定，前者却能持续向大脑输送能量。

☺ 有生命的饮食

如果把苹果埋到地下，会长出一棵树，这就是生命，是一个苹果蛋糕永远无法拥有的。如果把一颗豆子放进水杯，它会发芽。水是生命之源。有生命的食物和饮品也会让你的身体焕发活力。新鲜水果、蔬菜、沙拉和刺身（生鱼片，如果你喜欢日本菜）都是对人体非常有益的有生命的食物。

饮食中至少应该有一半是"有生命"的，所以每天应该吃5次新鲜水果或蔬菜。

☺ 苹果汁混合矿泉水——有助于神经和肌肉的最佳饮品

矿泉水中含有大量矿物质（每升含量均大于100克），能激发大脑和身体；苹果能刺激肌肉和神经。所以矿泉水和苹果汁的混合饮料是学习和运动者的最佳饮品。

☺ 香蕉汁代替运动型饮料

香蕉是大脑、神经和肌肉的最佳补给品。易消化的碳水化合物、镁及钙的完美组合让任何运动型饮料与香蕉汁相比都相形见绌，它是冠军选手的最佳选择，所以运动型饮料其实是多余的!

大部分的运动型饮料不仅贵，而且身体难以吸收。苹果及其他水果中包含大约1万种能提高人体机能的植物素，而且还有未被发现的；运动型饮料却只有6种。

苹果汁矿泉水混合饮料和优质香蕉不仅更便宜，而且更有益于身体健康。

☺ 牛奶不是解渴饮料

牛奶能补充骨骼和神经所需的钙质，而且还富含维生素，但可惜同时也含有大量卡路里。因此，虽然牛奶是基本饮食，但如果你想减肥，那它绝对不是休息时的最佳饮品。

☺ 全麦食品增强体能

健康的神经、灵活的肌肉和敏捷的头脑需要维生素 B_1。全麦食品中（全麦面包、面条、米等）的维生素 B_1 含量很高，同类型食物还包括土豆、发酵粉和荚果。

但是，90%的维生素 B_1 都在从麦粒做成白面粉的过程中流失了。

☺ 混合麦片

优质燕麦片中富含维生素、矿物质和植物纤维。此外燕麦片中包含的淀粉能在人体的胃中形成保护层。

☺ 生食替代煮食

食用生食、未烹煮的蔬菜或水果，能最大程度地获得人体所需的维生素。烹煮会使食物中的维生素 C 流失。

☺ 拒绝吸烟

吸烟的人需要补充大量维生素 C（比普通人多 60%），用于弥补因吸入尼古丁而造成的维生素的流失。所以，为了身体健康，最好的办法是拒绝吸烟!

☺ 饮食健康专家

定期的运动应该搭配健康的饮食。

运动员的能量公式是：碳水化合物（面、土豆、米、谷类），尽量多的水果和蔬菜，再加上高蛋白——低脂奶制品、低脂鱼类、低脂家禽、荚果、全麦。

第一要义：拒绝高脂肪！

吃出智慧

过去的研究者认为，坏死了的脑细胞不会出现第二次生长，这也就意味着我们的智力（即大脑的容量）不能再被改变。但现在的脑研究发布了一个令人欣喜的消息。

☺ 脑细胞可以再次生长

美国洛克菲勒大学脑研究专家布鲁斯·麦克尤恩提出："21世纪最离奇的发现就是，人类的大脑实际上可以被不断改变、修复，甚至可以再次生长。大脑跟其他器官一样充满生命和活力，并且也能被饮食所影响。"

其中共同影响大脑的还包括神经递质，它们是能唤起大脑好的心情、注意力和警惕性的信号传导物质。"神经递质是人类大脑的光和热，没有它大脑将是一片黑暗和阴冷"，麻省理工学院的心理学家、脑研究专家理查德·沃特曼博士如是说，"它是我们整个意识的掌控者，它控制着我们的智力、记忆力和想象力。我们的大脑以什么方式发出怎样的信号或者是否发出，都直接取决于之前吃过的食物"。

这些信号传导物质包括血清素、多巴胺、乙酰胆碱和儿茶酚胺，正确的饮食能将这些物质直接输送至大脑。

☺ 给大脑补充营养

给大脑补充营养能提高人的思考能力、注意力和想象力。英国研究者在 6 个班的学生中做了一个这样的测试，1/3 的学生每天吃维生素片和矿物质片，1/3 的学生每天吃安慰剂，而剩下的 1/3 什么都不吃。一个学年以后对所有学生进行标准智力测试：持续服用维生素和矿物质的学生在这段时间里智商提高了 10%，其他的只提高了 1%~2%。

这个测试及其他很多类似测试都证明：含蛋白质、维生素和矿物质的健康食品能促进智力发展。

☺ 为大脑设计早餐

大脑不能储存食物，晚上睡眠时其实它是一直处于饥饿状态的，所以第二天早上给大脑补充充足的营养物质就显得非常重要。

尝试一下包含以下成分的混合营养麦片：

● 酸奶；

● 燕麦；

● 苹果丁或香蕉丁。

这个营养组合是一天学习的最佳开始，因为酸奶能提供让人保持清醒的蛋白质。燕麦和麦芽含有维生素B、卵磷脂和重要的氨基酸，能提高血液中的血清素含量。这能使你的情绪高涨，还能提高注意力及记忆能力。

另外，喝鲜榨果汁也是不错的选择，比如一杯鲜榨橙汁能让你获得更多的铁，它能让你在更长时间的学习中保持充沛的精力。

小结

- 日常饮食最重要的组成部分是：蛋白质、维生素和矿物质，它们是身体健康的关键。如果一整天都能补充到这些物质，你会感到更有活力、更有激情，心情会更舒展，注意力会更集中。

- 尽量远离脂肪和糖分，它们能造成肥胖，继而引发各种疾病。

- 智慧可以吃出来！补充大脑营养能提高思考力和集中力。丰富的蛋白质、维生素、矿物质及低糖低脂同样是补脑的黄金准则。

④ 精神
健康

- 你知道潜意识的作用吗?

- 如何积极地激发潜意识呢?

- 如何在压力和恐惧下保持冷静?

在日常生活中，你的行为只有10%是有意识的，剩下的都是在完全无意识的状态下进行的，就像90%的冰川都位于水平面以下一样。

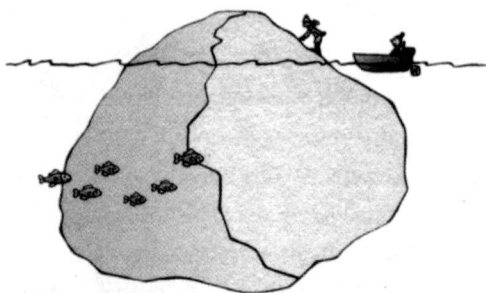

然而你的潜意识，在90%的程度上左右了你的决定，同时也左右了你的想法、热情，甚至学习和生活的成功与失败。如此看来，如果人可以影响自

己的潜意识，将是件非常有利的事情。这一章就将向你介绍从积极的方面刺激潜意识的方法。

你知道吗？一个人在18岁以前大概会受到1.5万次消极的影响，这是哈佛大学的一项研究结果。这些影响会烙印在你的内心最深处，同时也会对你的行为产生相应的消极影响。所以，用积极因素对抗这些潜在因素显得尤为重要。

内心画面的力量

潜意识由内心画面所决定。一位足球选手如果罚点球未中，失利的画面会保存在他的脑海中，使得他在下次罚点球的时候起跑犹豫畏缩，可能导致再次失利。这就是潜意识的直接影响力。不过，一些专业选手却能够在适当的时候从潜意识中抓取胜利的画面，用自信战胜挑战。这种情绪管理也可以运用到考试中：如果在课堂测试的时候，你一直想着某次失败的练习，那么你会始终笼罩在忧虑和紧张中；如果你想到的是积极的画面，做练习的时候心情也会好很多，效率自然也就会提高。

☺ 向潜意识传递积极的画面

你潜意识中存储的画面越积极，就越能以积极的状态面对挑战，所以你每天都要向潜意识传输积极的画面。比如幻想在美妙的奇异世界旅行，或者想象一下自己的愿望或目标实现时的情景。提前享受一下成功的感觉会给你带来力量和勇气！

☺ 开启内心世界

只有在完全放松的状态下你才能打开通往潜意识的大门。找一个让你感觉舒服的地方，把灯光和温度调节到舒适的状态，当然姿势也很重要，选择能够放松自我的坐姿或睡姿。

如果你选择坐姿，那么背部要贴到椅背，脚要贴到地面，双手置于大腿上，脑袋要么垂直立着，要么放松，向前低下。

如果你选择卧姿，那么最好背部朝下平躺，手臂放松置于身体两侧，双腿放松，自然伸直。在身体放松之前不要"拧"到任何部位。

放松的时候既可以闭上眼睛，也可以睁着眼睛。对大多数人来说，闭上眼睛更容易进入自由幻想状态。如果睁着眼睛，可以让眼睛定点注视空间的某个位置。

☺ 开始梦幻之旅

每一次梦幻之旅都由入梦、旅行和回归三部分组成。

导入梦幻的目的是慢慢地将你从现在的时空带到幻想的时空。

旅行本身可以随意变换，你的想象不受时空限制，可以在一个陌生的星球，也可以在海底世界，可以是海边拾遗，也可以是林间漫步……

回归指的是慢慢从梦幻世界醒来，回到现在的时空。为了加强现实感，你可以在最后伸展身体，深呼吸，再重新睁开眼睛。

☺ 音乐相伴

在进行梦幻之旅的时候搭配轻音乐（大概每分钟60拍，与舒缓的心跳频率相符）更易于身心放松。

放轻松

愤怒、生气、害怕、悲伤、妒忌、猜疑等情绪都会降低你的效率，让你生病，甚至提前衰老。相反，如果心态好，就会产生快乐、喜悦、平静、幸福和满足等让你保持年轻健康的情绪。假如你生气，那么你的身体就会在半小时内持续释放压力荷尔蒙肾上腺素。肾上腺素能让人产生力量和动力，但是如果释放过多，身体就会痉挛、紧张，大脑中的血清素排放量降低。结果就是你会感到不快乐，精神无法集中，没有激情，失眠，且免疫力低下。

☺ 通过条件反射战胜压力

人们在感到压力和害怕的时候，会下意识地倒吸一口气，这是一种在我们的基因里形成已久的固有的条件反射。它会让人体血液中的钙质减少。在这种情况下，人体的神经会因受到过度刺激而导致情绪更加紧张、更加敏感、更加脆弱。但F1方程式赛车手在疾速行驶2小时后，离开驾驶位却更加轻松自在。我们可以效仿他们，在感到压力的时候有意识地深深吸气呼气，这样能够让身体产生新的条件反射，从而放松下来。

☺ 静下心来，放松呼吸

通过小小的呼吸运动，你可以轻松战胜压力。呼吸运动的好处是可以随时随地进行，比如在学习、测试、运动的时候或演讲前。在注意力集中了一段时间后，大概3~5次的呼吸运动就能让你再次完全放松、静下心来。

让自己舒服地坐下或躺下，肩膀放松。在开始真正的呼吸运动之前，先自然地呼吸几次，直到准备完毕。

现在用鼻子深深吸气。吸气的方式是：首先肚子隆起，吸气的时候在心里慢慢地数1-2-3-4-5，接着屏住呼吸，数6-7，然后将气慢慢地从口中呼出，同时倒数7-6-5-4-3-

2-1（如果呼气的时间比吸气的时间长，那么这个呼吸运动起到的作用是放松，反之是预热）。在呼气完成以后停顿一下，再开始下一次的吸气运动。

重复呼吸几次，直到你感觉身心放松下来。

健康的情绪管理

为了准备迎接未来的挑战，你还应该调整好情绪和精神状态。可以通过以下方式做到这一点。

☺ 不要想"不"

你现在不要想粉红色的大象，但是读到这句话的时候你眼前一定出现了粉红色大象的画面。这就是所谓的不要想"不"。比如你在测试前想用"我不害怕测试"来鼓励自己，结果却适得其反。为什么？因为你已经向大脑输入了"害怕"这个信号，它悄悄地埋在你的潜意识中，下次测试的时候会被下意识地唤醒。真正能起作用的话是："我已经做好了充分准备（现实中你也确实已经做好了准备）！"这样你就能静下心来，自信面对考试。

这些语句将对你的潜意识起到积极作用。当然，它们并不是万能灵药，不过当你遇到高难度挑战的时候它们能让你以积极的心态去面对。

☺ 设计加油口号

管理好自己的情绪，设计自己的加油口号。口号的设计要注意选用积极向上的词语，并且都以第一人称开头，不要添加"有时候""也许"这样的限定性词语。

把你的口号（如"我能做好"）写在一张大的空白纸上，然后挂在显眼的地方。经常重复，直到它们出现在你的潜意识中并对你产生积极的影响。

☺ 设定积极模式

这种方法能在关键时刻激发出所有的积极力量：

1. 回忆某个场景，那时候你充满激情地战胜了某个挑战；

2. 把你的身体和精神切换到那个场景，在内心重现当时的经历，感受当时的胜利；

3. 然后找到那次胜利的某个象征性姿态、手势或表情，比如笔挺自信的姿态、紧握的拳头或者一个坚定的眼神；

4. 再找到某个词语或短句，配合你的姿态、手势和表情大声喊出"是的"或者"我做到了"；

5. 重复至少10遍，每次都想象着胜利的场面，并用你的魔法公式表达出胜利的感觉；

6. 现在这次积极的经历已经烙在你心里了。当你想再次获得动力的时候，就调到积极模式，用这次经历来鼓励自己。

小结

- 向你的潜意识传送积极的画面，将其设定为积极模式。当你遇到困难或挑战的时候，潜意识就会跳出来产生积极的作用。你还可以让思想在梦幻中旅行，沉浸在你勾画的世界中。同时，战胜压力状态下的条件性反射也很重要。

- 在压力状态下深深吸气呼气，这样能提高血液中的钙含量，并能强化神经。记住要定期做呼吸运动。设计自己的口号，不断重复，给自己加油，鼓舞精神。

10条健康黄金准则

1. 积极参加运动

定期参加运动，每周至少8小时。找到既能让你快乐又能让你更健康的运动方式。你也可以参加团队性运动，那样不仅能锻炼身体，还可以培养团队合作精神。

2. 对运动说"是"

不是只有在足球场、网球场、滑雪场或篮球场才能运动，走路和跑步也是运动。

以后用爬楼梯、步行、骑自行车代替乘电梯、扶梯或者公交车。

在学习的时候也要注意适量运动，每隔一段时间休息一下，活动四肢。

3．锻炼体能

人的精神耐力、集中力、思考能力和热情都会随着体能的增强而得到锻炼。

在每周的计划表中至少安排 3 次 30 分钟的体能训练。

4．吃有生命的食物

选择有生命的食物，它们能让你的身体机能也更有生命力。

具体来说包括新鲜水果、蔬菜、沙拉，每天可以多次食用！能增加能量的饮品包括苹果汁矿泉水混合饮料、矿物质水或者鲜榨的水果和蔬菜汁。

5．避免脂肪和甜食

脂肪和糖分易引起疾病和肥胖。过多的糖分会使新陈代谢紊乱，脂肪细胞数量迅速增加，脂肪堆积在血管、大脑，还有腰部、腹部和臀部。所以应该尽量减少脂肪和糖分的摄取。

6．吃出智慧

智力可以吃出来。借助补脑的食物可以提高思考力和集中力，让你变得更加专注，更有想象力。

智力增长公式是：让人头脑清醒的蛋白质，尽量多的维生素和矿物质，尽量少的脂肪和糖分。

7．向潜意识传递积极的信息

你的潜意识接收的信息越积极，就越有助于你去战胜困难，所以经常用积极的口号和经历鼓励自己，让精神意志发挥作用。

8．进入梦幻之旅

在梦幻之旅中你可以进入自己的内心世界，想象美好的画面和故事，它们能给你带来能量。

9．深呼吸

运动员的呼吸更深，他们不仅更健康，而且在困境中能保持清醒的头脑。

有意识地慢慢进行深呼吸练习。在遇到压力和困难时做呼吸运动，让自己克服压力，保持冷静。

10. 微笑

保持微笑。

学会利用网络

[德] 塞巴斯蒂安·索尔◎著

邓慧嘉◎译

四川人民出版社

图书在版编目（CIP）数据

管好自己最重要 / (德) 塞巴斯蒂安·索尔等著；
邓慧嘉译 . -- 成都 : 四川人民出版社 , 2017.8
（儿童自我成长小百科）
ISBN 978-7-220-10045-1

Ⅰ . ①管… Ⅱ . ①塞… ②邓… Ⅲ . ①自我管理—研
究 Ⅳ . ① C912.1

中国版本图书馆 CIP 数据核字（2017）第 040161 号

著作权合同登记号　图进字 : 21-2017-447

Published in its Original Edition with the title
Internet - fit in 30 Minuten
Author: Sebastian Sauer
By GABAL Verlag GmbH
Copyright © GABAL Verlag GmbH, Offenbach
This edition arranged by Beijing ZonesBridge Culture and Media Co., Ltd.
Simplified Chinese edition copyright © 2017 by Beijing Reader's Cultural & Arts
Co., Ltd.
All Rights Reserved.

儿童自我成长

之 快速学习法

本书旨在让你短时间内成为网络专家。

- 每一章都围绕三个核心问题展开。
- 每一章末尾将再次总结最重要的内容。

本书结构清晰明了，便于你随时拿在手中翻阅自己感兴趣的部分。

目 录

开篇语

世界越来越小，轻松交流不再只是孩子的专利。想象一下住在敬老院的老人，他们现在没有机会去认识年轻人，但是在未来的信息化社会，他们不仅可以和年轻人成为朋友，而且还能与大家分享他们的人生经历。

这是微软创始人比尔·盖茨眼中"网络"作为信息媒体在未来的意义。传媒学家马歇尔·麦克卢汉提出了"地球村"的概念。现在，很多人都把这个世界看成一个地球村，任何人都能在很短的时间里与另一个人交换信息。网络虚拟空间成了一个巨大的信息储存器，威廉·吉布森1984年出版的科幻小说《神经漫游者》中描写的赛博空间已经越来越多地被现实印证。

我们置身于一个知识迅猛增长的时代，虽然网络可能引发的信息洪流深不可测，但在很大程度上它仍然能够被正确引导。

网络在交流中占据着举足轻重的地位，为了武装好自己去适应未来的各种纷争，现在就必须掌握正确搜索、筛选、利用所有能够被利用的信息的技巧。

惬意阅读，走进虚拟的世界，穿过无止境的网络，收获成功！

塞巴斯蒂安·索尔

① 无止境的 网络

- 网络产生的原因和方式是什么?
- "信息高速公路"如何起作用?
- 你知道网络的用途吗?

网络，很多人在谈论它，很多人身在其中，很多人认为它将占领整个世界。总而言之，网络在这个世纪对人类的意义非同寻常。正在阅读此书的你也一定游走在信息爆棚的网络世界中，与世界各地的人畅所欲言——你已经跨入了"@时代"，向老一辈展示着什么是现代科技。网络就这样散发着它的无限魅力。

你知道吗？互联网的基础概念超文本和超链接是在电脑还不存在的时候由"信息时代的教父"范内瓦·布什构想出来的。这个概念产生以后，电脑技术突飞猛进，互联网也随之发展起来。

1943年，当时的IBM主席托马斯·沃森说："世界市场可能需要5台电脑。"1949年，美国《大众机械》杂志推断："未来的电脑可能重1.5吨！"很显然，这些说法已经被席卷而至的信息浪潮所推翻，未来电脑的发展，或许连身处今天的我们也无法预料。

互联网的产生

近年来传媒迅速发展。1946 年，20 世纪福克斯电影制片公司的负责人达里尔·F. 扎努克说："电视机在市面上坚持不了 6 个月，人们很快就会厌倦每天晚上盯着一个夹板盒子。"

达里尔的预测当然没有成功。同样的情况还发生在戴克公司主席兼创始人肯·奥尔森身上，他在 1977 年断言："没有人希望在家里拥有一部计算机电脑。"但一切都没有应验。

你能想象 20 年前我们的生产能力还不足今天的 30% 吗？我们也不知道 10 年或 15 年后在传媒领域会卖些什么产品。但你有一点绝对感受到了：我们生活在一个极度紧张的时代。

☺ 创意始初

20世纪40年代，范内瓦·布什想将各类信息和知识有机地连接起来。但那个时候并没有电脑，于是他发明了一种机器，叫作扩展存储器。扩展存储器帮助他把书中的多个文本通过某个路径形成的超链接重新组合在一起。以这种方式产生的文本被他称为超文本。

☺ 计算机网络的产生

虽然扩展存储器没有按其预期发挥作用，但是20年后美国国防部高级研究计划署（ARPA）成功地利用了这个创意，在60年代通过其军事专家的推动催生了第一个网络，1969年阿帕网（ARPANET）最终投入运营。

☺ 从微观世界到网络世界

网络技术刚刚萌芽的时候，只能将4台计算机连接到一起，那时候的网络还是有界限的。

但ARPA的网络专家很快发现这种系统的运用并不局限于军事，于是他们将网络拓宽，让不同的研究所和大学可以通过它交换信息。1982年，传输控制/网际协议，即TCP/IP数字协议标准建立，从此，网络迅速发展。1984年，网络用户约1 000人，到1989年这个数字翻了100倍，增长到100 000人，中间仅隔了5年的时间！

过去，通过网络只可以生成文本，现在还可以处理图片、动画，甚至语言。

网络终端也在不断变化。今天除了电脑以外，网络电视或通过手机WAP都能登录网络。很多公司的经营项目还包括将冰箱、微波炉等家用电器连接到网络。

网络的两个世界

技术和信息之间的关系非常密切，缺一不可，构成了网络的两个世界。浏览者和用户可以看见的信息和操作叫作用户界面或者界面，与之相关的技术原理对于普通用户来说是不可视的，非常复杂，不过很有意思，所以在这里我们将同时介绍一下这两个世界。

☺ 不可视世界

你可以把技术世界想象成一个巨大的交通网络，其中包括铁路、公路、海路和飞行路线。包裹可以通过以上任意路线被运输，在电子网络上也一样。数据包可以通过万维网密集的交通网络在各个卫星间传递，相互连接的电脑就像火车站、汽车站、港口或者航站楼，数据包在这些地方开始或结束传递。

在真正的交通网络中，航站楼和火车站是中心枢纽，在电子网络中它们所对应的是高能效计算机，也就是所谓的服务器，用来分配和储存数据。最小的停靠点是你的电脑，你在这里接收数据或者把数据发送到"数据高速公路"上去。

信息分别储存在小的数据包中，通过完全不同的路线和枢纽点在"数据高速路"上传输。

☺ 可视世界

可视世界直接通过显示屏呈现出来，好像可以任你遨游的宇宙或者行星系统。这个宇宙还在不断扩大，因为越来越多的人意识到信息媒体的重要性，每天都有新的行星加

入——越来越多的网站加入网络系统中。

每个行星，也就是每个网站都不一样，有不同的颜色、形式和内容。你可以按照自己的路线在网络世界中穿越，从这颗星球到那颗星球。你还可以经常访问你喜欢的星球，看看那里发生了什么新鲜事。

迷失在虚拟世界

或许你也曾经在众多的文字、图片和视频中迷失过，无穷无尽的信息将你包围……

☺ 善用网络

网络可以从多方面进行利用，例如：

- 完成家庭作业；

- 准备课堂练习；

- 准备课堂报告；

- 和朋友、亲戚、新认识的人聊天或交换信息；

- 下载图片、电影、视频、音乐、程序等；

● 拓宽政治、经济、体育和文化等方面的知识。

在浏览网页时要有明确的目的，这一点非常重要。事先考虑好自己想要做什么，在浏览网页的时候要始终清楚地知道自己在看些什么，这些网页包含哪些主题内容，这些内容是否能帮助自己实现目标。

如果达到了预期目标，那么上网的乐趣会更加持久，反之它将在某个时候让你感到气馁或者无趣。

小结

- 网络逐渐发展成为一个信息承载越来越广泛的媒介。

- 很多专家在网络中看到未来的传播媒体。

- 复杂的高科技数据传输系统是不可视的，在其基础上形成的网页组成了可视世界。

- 为了避免在庞大的数据中迷失，有目标地利用网络尤为重要。

② 上网必备

- 上网冲浪需要什么?

- 理想的上网场所是怎样的?

- 如何上网?

你现在肯定充满好奇心，想马上开始了吧！在你成为专家在网络中自由冲浪之前，当然必须首先考虑一下你的装备。

跟企业号航空母舰、航海家或者巡洋舰一样，万维网游艇在网络中航行的时候也需要一个能满足自身需求的好装备，也就是一台好的电脑。但是最贵的并不是最合适的，购买电脑时要以自己的真实需求为导向。

你在浏览网页的时候，大部分时间都在摆放电脑显示屏的书桌前度过，因此一个适合上网的地方也必不可少。接下来的内容将告诉你如何正确摆放电脑，让自己以最舒适的状态在网上冲浪。

除了要开通上网服务外，最后需要的是一个电脑驱动程序，也就是浏览器，然后你就可以自由自在地开始从这个星球飞到那个星球，在网络世界中遨游了。

超炫的电脑

电脑是巡洋舰的心脏。每艘舰艇的船长在起航之前都会检查一遍整个系统和电脑。你也应该准备好上网需要的所有东西，以下几项都是上网必备。

☺ 高效和安全

首先，你需要一台高效安全的电脑来保证你能够顺利地上网。其中，匹配的处理器、足够的内存及好的显卡对于快速安全地登录网站很重要。这样的电脑不一定很贵，不过一定要小心折扣店的商品！这些折扣店里虽然有很多超值的心动组合，但是搭配在一起通常并不是很合适，而且会出现重要装备反而被忽视的情况。这就是很多电脑都发挥不了其承诺的功效而且总是突然挂机的症结所在。

所以，为了避免被痛苦地堵在网络之中，最好事先稍微多花一点钱，购买正确的电脑组合及相应的服务。

☺ 声卡

很多网站都为你准备了真正的听觉盛宴，所以给电脑安装声卡非常重要。另外你还需要一对音箱，让你的星球成为一艘多媒体宇宙飞船。

☺ ISDN 卡或者调制解调器

这是上网最重要的条件，它是将你的电脑和网络世界连接起来的纽带。如果你有类似电话接口的装置，你需要的就是一个调制解调器。如果你有 ISDN 接口，你需要的是一张 ISDN 插卡。ISDN 的好处在于它能够提高网速，比用 ADSL 快 12 倍。合适的接口、辅助设备及网卡是上网的前提，准备好以后你就可以开始联网了。

☺ 合适的显示器

上网当然还需要一个好的显示器。一定不要在显示器上过于吝啬，那样会加重眼睛的负担。一般显示器的屏幕刷新率最好不要低于85赫兹。

上网根据地

越来越多的人，越来越久地坐在电脑前，因此越来越多的人在抱怨头痛或者背痛。造成这一后果的原因在于电脑摆放的位置错误，显示器的角度错误，坐姿错误及缺少运动。

为了能长时间集中精力用电脑学习工作，并同时爱惜好背部和眼睛，你应该将自己的学习工作场地设计得尽量符合人体工学。这里将给你一些小建议。

☺ 理想的空间设计

上网的地方光线必须稳定充足，尽量选择日照时间多的位置。但是灯光过亮的话也会损害眼睛，影响视力。另外还需要一张舒适的座椅，好让你更容易获取灵感，为实现目标做准备。

☺ 显示器的摆放

正确调整显示器的位置和角度不仅能获得更好的视觉效果，而且能够保护眼睛。把显示器摆到能让你的视线与窗户平行的位置，注意电脑显示器和窗户之间至少保持 60 cm 的距离，以避免强光。

☺ 正确的视角

如果你稍微把视线朝下就能看见显示器最上面一排的字，显示屏的高度就是合适的。眼睛与屏幕的距离最好为 60~90 cm。另外，不要让光源或其他东西反射到屏幕上，那样也会损害眼睛。

☺ 坐在根据地或在那里运动

上网时座椅也绝对不能忽视。如果座椅不合适，你很快就会感到疲劳、血液循环不畅或者消化不良、背痛，甚至最后导致肌肉和骨骼疾病。通常要注意的包括：

- 选择能自由活动，能支撑身体的椅子。这方面可以咨询懂行的人。

- 坐着也要有活力，不要忘记经常活动一下，如果你能经常变化一下坐姿，就能够避免过度加重脊柱和肌肉组织的负担。

- 期间经常站起来，在房间里伸展一下身体，有助于缓解身体疲乏，也能适当调节心情。

不管预防措施能做到多好，上网都是一件极其费力、极易疲劳的事情。在上网的时候你会产生错觉，感觉身体一点也不累，但是之后身体通常都会报复你。所以要注意上网时间，千万不要沉溺其中。

上网浏览器

为了让你的宇宙飞船能够在网络里自由航行，你需要一个导航系统，也就是大家所熟知的浏览器。这种软件翻译转换网上的信息，让你可以看到或者通过音箱听到这些内容。

输入域名（想访问的网页的地址）或者点击超链接就能启动导航器，到达你想访问的网页。

网站上所有的内容，不管是文字、图片、视频还是音频都能被快速地保存到电脑中。这些服务都与网络密不可分。网页的标准语言是 HTML（超文本标记语言），除了 HTML 语言外，还有 JAVA 及 JavaScript 作为辅助语言。

☺ HTML——网络的标准语言

HTML（Hyper Text Markup Language），超文本标记语言，是为网页创建和其他可在网页浏览器中看到的信息设计的一种标记语言。HTML数据库事实上就是简单的文本数据，一方面包括文本内容，另一方面包括所谓的指令。浏览者可以通过浏览器窗口看到文本内容，指令不会显示。这些指令决定了文本的形式（字体、颜色、大小），决定了图片的位置及多媒体的播放（图片、声音和动画）。另外，还能够通过链接导入其他页面。

☺ JavaScript——辅助脚本语言

这种语言由网景（Netscape）公司研发并在他们浏览器的第二个版本中首次使用。JavaScript进一步发展了HTML，增加了新的功能，最重要的是实现了互动元素与浏览器的融合。例如，你只有借助JavaScript指令点击鼠标才能够改变图形。

☺ 微软和网景

微软的IE和网景的Communicator是两个最有名的浏览

器。在购买 ISDN 卡或者调制解调器时，附带的安装包里通常会有 IE 的安装盘。

如果你电脑里的版本是旧的，可以上微软网站（http://microsoft.com）或者网景的网站（http://netscape.com）免费下载升级。

开通上网服务

进入网络的许可由网络供应商颁发，主要途径是通过通信和网络公司提供的付费网络服务。其中的费用包括：

- 合同签订费用；

- 月基本费用；

- 每次网络拨通连接的费用；

- 在网络中停留时间的费用。

资费方式包括：

- 固定合同（标准模式）；

- 拨号上网；

- 固定价格。

☺ 固定合同

在这种情况下，你需要与供应商签订一份包含一定基本费用的包月合同，然后再根据你超过的上网时长收取费用。超过的时间通常按分钟来计费。

☺ 拨号上网

在这种情况下，你拥有相对较大的自由度，因为你可以随时更换网络供应商，获取更优惠的价格。结账按你在网络上的停留时间收取相应费用。但是以这种方式在单位时间内产生的费用比固定合同的平均资费稍贵，而且用户每次拨号还须缴纳额外的联网费。

☺ 固定价格

这种模式适用于长时间使用网络的人。供应商只按月收取费用，不考虑使用时间。所需缴纳的费用虽然相应要高，但是超过一定使用时间后这种资费方式相比其他方式更加划算。

比较供应商和资费模式，这能避免与供应商的纠纷及高额资费。

小链

在开始宇宙航行之前，你应该先让"宇宙飞船"进入启动状态，为此需要检查以下几个方面：

- 到专业的商店或者找懂行的人咨询，选择正确的电脑部件进行组装。

- 上网空间的专业布置和电脑一样重要，那是你的"作战根据地"。你要在这里度过很多时间，所以为了保护好你的眼睛和背部，量身设计显得尤为重要。

- 最后你还需要浏览器——"宇宙飞船"的导航仪，以及尽可能划算的网络服务。

③ 网络信息
搜索

- 你觉得最重要的信息是什么?

- 什么是"超文本传输协议"?

- 如何正确地处理信息?

只有目标明确，才能在上网的时候找到乐趣。如果你在做一个关于音乐方面的报告，那么可能需要关于甲壳虫乐队的信息，并了解这个乐队的发展史。在这方面搜索引擎和门户网站能帮助你。

上网高手还会利用其他的小诀窍搜索、整理和处理信息。这部分内容我们将借助实例向你展示如何有效地利用网络。

建议

在有目的地搜索信息时一定要始终注意信息的提供者，以准确地衡量信息的价值。

一般情况下可以将信息的提供者分为以下几类：

● 商业性服务商。

● 个人。

● 政府。

● 研究机构、组织和协会、学者和研究者。

　　其中绝大多数是商业性的服务商，占83%。这些服务商通常都是在宣传他们的企业，为他们的产品和服务打广告。

搜索引擎

　　搜索引擎在输入关键词后开始工作，查找出包含关键词的信息，列出相关网站链接。通常出现在最前列的网站是最有用的。但是应注意，搜索结果列表也可能是从后台操纵的，因此完全没有意义的网站链接也可能突然出现在相关搜索结果最前面的位置。

☺ 搜索引擎是可操纵的

　　通过输入合适的关键词快速搜索到网站，有三种方式：

- 搜索引擎从完整的 HTML 文件源码中读取关键词，在这些关键词下被搜索到的所有网站将被显示出来，而且还能将针对搜索引擎的指令绑定到 HTML，让这些指令被搜索引擎优先读取；

- 网站还可以直接被显示在不同的搜索引擎中；
- 通过不同的软件程序和网站可以将这些网站显示在希望的搜索引擎中。

☺ 门户网站——获取信息的捷径

另外一种获取信息的途径就是门户网站。这些网站通常是针对特定的族群建立的，只包含相对应的内容及指向这一族群可能感兴趣的其他网站的链接。http://www.guokr.com，果壳网，是一个泛科技主题网站，提供负责任、有智趣的科技主题内容。在这里，人们可以依照自己的兴趣关注不同的主题站和小组，阅读有意思的科技内容；还能在"果壳问答"中提出问题或帮助别人解答难题；还可以关注各个领域的果壳达人，加入讨论，分享话题。

☺ 网上搜索引擎

主要的搜索网站包括：

- 雅虎中国：http://www.cn.yahoo.com

- 谷歌：http://www.google.com.hk

- 百度：http://www.baidu.com

- 搜狗：http://www.sogou.com

- 有道：http://www.youdao.com

网络账户

据NEC研究所统计，1998年全球网络用户约3.2亿。一年后NEC将这个数字修改为8亿。为了在网络用户不断增长的情况下保证数据在指定的路径流通顺畅，每个网页都被分配了专门的地址，即网址。网址按照一定的规范设定和注册，每个网址都是唯一的。下面这个例子将告诉大家网址（也被称为URL——"统一资源定位符"）的组成。

☺ 网址组成

例如，在浏览器的地址栏输入网址http://www.guokr.com，趣味科学网站果壳网的首页就会显示出来。这个网址由以下两个基本部分组成：

超文本传输协议

http://是超文本传输协议（hypertext transfer protocol）的缩写，它代表网页是按照固定的标准化方式（protocol）传输（transfer）到你的电脑上的。这个缩写是所有网页的开头。

域名

http://后面的"文本"取决于页面文档，主要由三部分组成。比如我们刚刚给出的示例就是由"www""guokr"和"com"三个部分组成的。

"www"表示网页位于与网络有直接联系的服务器上。域名（"guokr"）可以随意选择。在http://www.net.cn里你可以输入自己喜欢的名字，并能马上知道这个地址是否已经被占用。"cn"是域名中中国的代号，每个国家都有一个代号。此外还有更上一层的顶级域名，例如"com"代表商业性企业，"org"
代表组织团体。

☺ 个人邮箱地址

邮箱地址由个性化名称和相应的域名组成，例如saghallo@
sina.com，前半部分"saghallo"可以按照个人喜好进行个性
化设置，符号"@"把域名（sina.com）和个性化称呼连接
起来。

网络搜索

搜索引擎对网络调研起到了很大的作用，但一个搜索引擎不可能辐射到所有网站，也不能马上指向你想要的信息。一项调查显示，11 个最受欢迎的搜索引擎一次也只能搜索到 42％的相关网页。选用多种搜索引擎和门户网站，对查找自己需要的信息非常重要。

☺ 快速启动

在开始搜索以前要有明确的目标，知道自己想找哪些信息。准备好纸和笔用来做笔记。例如，你可以这样来准备一份关于甲壳虫乐队的报告：首先登录搜索网站，例如百度网

（http://www.baidu.com）；输入关键词"甲壳虫"，开始搜索；眨眼之间就会出现搜索结果：在你输入的关键词下出现了大约839 000个网站链接。这个时候你需要知道点击哪些链接能找到有用的信息。为此，你可以输入新的关键词限定搜索结果，便于有效地筛选信息。

☺ 头脑风暴法

问自己：关键词应该包括哪些信息？例如准备一份关于乐队历史的报告，以下关键词就是重要线索：

- 甲壳虫（乐队名字）；

- 历史（关于乐队历史的信息）；

- 报告（网上发布的相关报告）。

☺ 有效搜索的逻辑

你输入的关键词在大多数的搜索引擎中都能通过逻辑运算符被有序连接。中文的"和"表示页面同时包含输入的两个概念（用空格也可表达此含义），"或"表示页面只包含其中一个关键词。例如你的主题报告的准备就可以采用以下组合进行有效的信息搜索：甲壳虫 历史 报告。如果要寻找某个特定词组，那么就在搜索栏输入，例如"甲壳虫的历史"，你就能得到准确包含这个词组的网页。

建议

　　大部分的搜索引擎都设置了高级搜索，利用该设置你能够得到更有针对性的信息。

　　想想关键词的不同组合。

　　如果你想寻找甲壳虫乐队的书、海报和唱片，那么输入：甲壳虫的书或海报或唱片。

　　如果你想找乐队的照片，那么输入：甲壳虫的图片或照片。

☺ 熟能生巧

　　这句至理名言同样也适用于网络搜索。练习越多，操作就越灵活，也就能越快找到你所需要的信息。

建 议

和朋友一起做练习！

相互提问，例如：

● 谁获得了1998年F1赛车冠军？

● 哪些电影获得了上一届奥斯卡提名？

● 谁保持了400米赛跑的世界纪录？

● 美国的最后10位总统分别是谁？

● 昨天哪一只股票跌幅最大？

谁先在网上找到答案，谁获得1分。设定一个搜索时限，例如5分钟。谁在2分钟以内完成，再获得1分作为奖励。

编辑网络信息

你很快会发现，自己把宝贵的时间都浪费在寻找和再次寻找某些网页上。因此，在网上查找信息的时候、之后编辑整理找到的重要信息就显得尤为重要。接下来你将认识到几种有效方式，用于：

- 找到访问过的网页；

- 估计信息价值；

- 建立自己的信息库；

- 认识信息间的关联；

- 整理凌乱的信息；

- 将信息储存到记忆中。

日志和书签

浏览器包含两个重要的功能，可以让你随时找到已经访问过的网页。

历史或运行功能按时间顺序记录了你访问过的所有网站的地址。你可以根据这些日志再次访问这些网站。

如果浏览器窗口显示了一个你认为很重要或者希望能够再次快速访问的网站，你就可以给这个网页添加书签，加入收藏夹。你可以按照自己的标准（比如按主题）把这些带书签的网页进行分类。

除了这种机械的辅助工具，还有其他方法用于搜集、整理和排列信息。其中最有效的两种方法就是卡片索引法和思维导图法。

卡片索引法

如果你碰到一个感兴趣的页面，可以把它记在一张卡片上。在卡片正面记下关键词、准确的网址、主题、最后的更新日期（如果存在）及信息的价值（如按分数由高到低排列）。

在卡片的反面用关键词的形式注明网站的相关内容，便于在下次拿到卡片的时候快速回忆起网站的内容。

制作信息数据库

将卡片按主题（如学习、体育、音乐、娱乐等）分类，放在一个卡片盒里，依照你自己制定的某个系统（例如按关键词的首字母排列）归入各栏。慢慢地，你就能建立起自己的信息数据库。

思维导图法

利用思维导图法，你可以在开始上网之前整理架构自己的想法和思路，以便于在上网的时候整理和评价找到的信息。思维导图法是一种能帮助大脑记忆事情概要的形象的视觉方法。

具体操作

将你搜索的目标（如奥运会）写在一张大空白纸的中间。思考哪些点在你的搜索中可能会起到作用（如项目、历史、成绩、奥委会），并把这些点作为主要枝干画出来。在分枝上你可以添加其他的重要关键词（例如主干"项目"上的分支点可以包括体操、田径、球类运动、水上运动等）及热门点击。在制作该导图的时候可以利用不同的颜色和符号来标识信息的价值。

奥运会

运动项目
- 体操
- 田径
- 球类运动
- 对战类运动
- 赛车
- 马术
- 游泳
- 射击
- 水上运动

成绩
- 冠军
- 奥运会纪录
- 得奖一览表

历史
- 古代和中世纪
- 近代（1500年至今）

奥委会
- 国际奥委会
- 国家奥委会

www.docin.com/p-90074407.html

www.baike.baidu.com/view/327275.html

www.olympic.org

www.olympic.cn

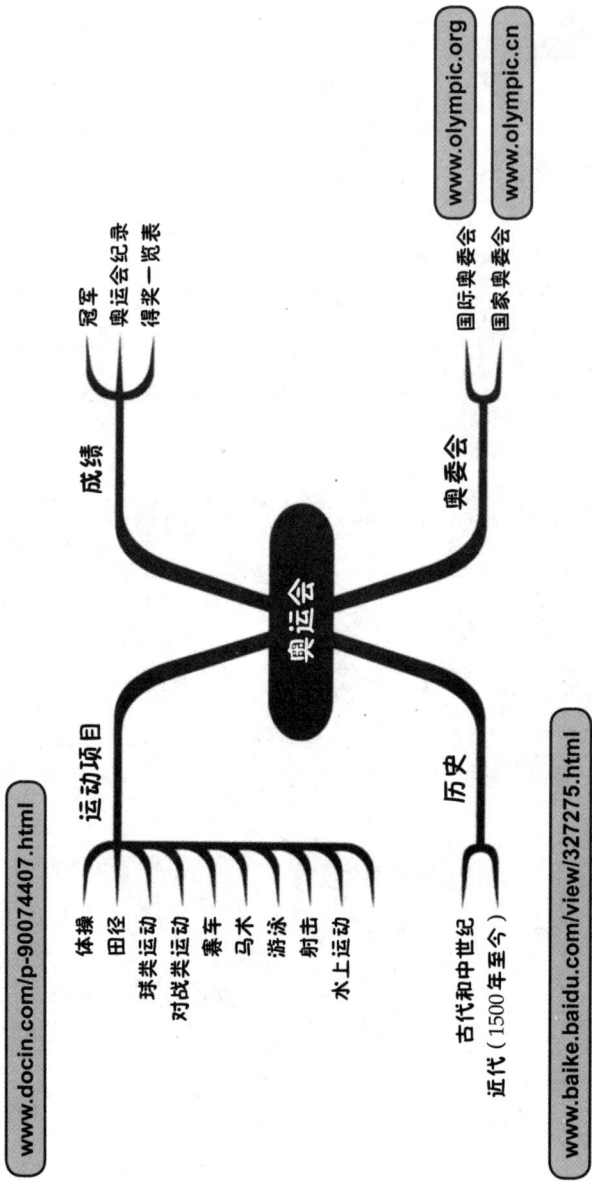

思维导图可以无限扩充。这里看到的是一个以"奥运会"为主题的思维导图。

小结

- 你可以选择不同的搜索引擎对信息进行有针对性地检索。
- 开始上网前运用头脑风暴法将你的搜索结果以思维导图的形式表现出来。
- 网址可以通过书签、查找历史或者卡片索引等方式记录。

④ 社交和娱乐

- 如何设置免费邮箱？
- 你关注实用有趣的网页吗？
- 如何制作个人网页？

网络不仅带来了大量信息，而且随着网络媒体运用的快速增长还产生了新的社交方式。网络逐渐变成了一个人们互相交谈、讨论、共同工作或者一起玩乐的虚拟空间。通过它，你可以和其他人聊天、发送文件或邮件。网络社交和娱乐意味着更加积极地利用网络提供的可能性及新的娱乐方式。

网络中的疯狂世界

科技的发展促使人们更快、更便捷地利用网络多媒体。有趣、搞笑，甚至疯狂的网页有着惊人的需求量。你可以自己当导演拍摄一个小短片，通过网络发送给朋友或者上传至视频网站；你也可以通过某种设置关注朋友的网页，在发生新鲜事的时候第一时间去追踪；你还可以制作自己的网页传到网络上去。

邮件、网络群组、聊天室

1992年，全世界仅仅在一个月的时间里就已经发送了2.79亿封邮件。这个数字在2年后增加到了10.8亿，增长了大约287%，而且仍然呈上升趋势。通过网络进行交际已经成为人们日常生活的一部分，而且作为信息沟通的最有效媒介，网络的重要性渗透到了方方面面。

☺ 个人邮箱地址

如果你开通了网络服务，那么就可以设定自己的邮箱地址。在很多搜索引擎的企业和运营商那里都可以获得免费的邮箱服务。你可以直接输入个人信息进行注册。你的邮件通过网页供应商发送，但是这些供应商通常都会先将你的邮件保留，附上广告后再发送。著名的供应商有：

- 雅虎中国：http://www.cn.yahoo.com
- 新浪邮箱：http://www.mail.sina.com.cn
- Hotmail：http://www.hotmail.com

☺ 邮箱——电脑的邮局

你需要一个邮箱程序来收发电子邮件。这样的邮箱工具可以免费获得，通常浏览器的程序包已有自带，使用最多的是微软的"Outlook Express"及网景的"Messenger"。邮箱有很多功能，而且已经成长为一个成熟的电子组织者。你可以从邮箱发送或者从邮箱中提取邮件，此外还能将文本、图片、音频或者视频作为附件同时发送。

☺ 网络群组——网络墙

你想获得关于某个主题的专业信息吗？你想直接和别人一起讨论自己的兴趣爱好吗？加入邮箱网络群组就能实现。这些讨论平台都是针对专门的主题建立的。如果你加入了群组，就可以以邮件的形式提交自己的文章，做自己感兴趣的事或者给某篇文章的作者直接发送邮件，你的作品也会被所有群组的成员阅读或回应。所有文章都被存储在"新闻服务器"里。

☺ 简报——邮箱新闻

通过邮箱可以获得许多行业的热点新闻！很多企业和组织都设置了简报服务。只要在他们的网站将自己的邮箱地址输入一个表格，你就能定期收到新的消息。

☺ 聊天室——与世界通话

你想在上网的时候和别人聊聊天吗？很多网站都设置了"聊天室"，在这里你可以直接输入文字，与他人聊天；还可以登录专门的聊天工具，如腾讯QQ等。但是这种形式的交流都是匿名的，所以要时刻保持警惕，不要轻易透露自己的个人信息。

☺ 可视化交流

如果你和你的聊天伙伴都安装了摄像头，那么就可以互相向对方传送自己的图像。现在许多的聊天工具都有这项功能，只要你跟对方的电脑都安装了摄像头。

☺ 从网上下载

你可以从网上免费下载很多程序、游戏、电影、图片、歌曲等，很多网站都专门提供这种服务，但是一定要注意电脑病毒。

多媒体网络娱乐

网上冲浪能带来很多乐趣，你可以在那里发现许多令你着迷的、非常疯狂的东西。随着不断改善的网络和电脑数据传输服务，越来越多的东西通过多媒体的形式被展示出来。

☺ 多媒体的过去和现在

20世纪80年代初，"多媒体"在词典里的解释是："一种信息和授课系统，能够同时使用多种媒体，例如电视、幻灯片、书。"

今天专家用"多媒体"指代声音、动画和电影与文本或图片的组合。电脑作为一种媒介，使多媒体信息能够产生交互。"交互"指的是用户可以参与其中，发挥自己的创意。

随着科技的不断发展，多媒体产品不再局限于通过光碟的形式传播，更多的是通过网络传播。

☺ 浏览器设置

浏览器可以显示色彩、文本、图片、视频。如果要复制音乐、视频或者互动性的内容，就必须给浏览器安装专门的插件。这些插件可以直接从网上下载，安装到电脑——大部分的多媒体页面都会指示安装多媒体展示所必需的插件。

☺ 工具和插件

下面是几款特别受欢迎的免费、免注册插件：

● 微软的 Mediaplayer 多媒体播放器（用于视频和音频）

http://microsoft.com/windows/windowsmedia

● Real Player（用于视频和音频）

http://www.realaudio.com

● Adobe Acrobat（用于文档转换）

http://www.adobe.com

- zmaker（用于制作电子杂志）

  http://www.zmaker.zcom.com

- photoshop（用于图片处理）

  http://www.photoshop.com

☺ 多媒体娱乐和冒险

现在向大家推荐几个国外的有趣网站：

- http://www.bluemountain.com

  在这个网站上，你能够找到各种主题的数字贺卡，并可以直接以邮件形式发送。

- http://www.dfilm.com/moviemaker/index.html

  贺卡还不够？那么就马上发送一个用数字电影制作软件制作的视频吧！简单容易，而且非常有趣，快来当一回大导演！

- http://www.potatoland.org

  做自己的网络艺术家！在网络艺术家马克·奈培一直不断修改的网页上利用数据粉碎软件可以获得非常有趣的结果，赶快试一试吧！

- http://www.searchbot.net

  这里有一种"幼虫"在网络里飞蹿，搜索你的关键词。你可以自己设计一个这样的电子飞虫，还可以给它取个名字。它就像另一种搜索引擎一样，而且当它为你找到你需要的信息时，会发送邮件给你。

- http://sodaplay.com

  在英国设计师索达的网页上你可以制作自己的二维模型，模型会受输入时的地心引力、重力和肌肉张力等影响。制作非常迅速，而且创意无穷，非常适合爱玩的孩子和业余的物理学家！

个人主页

想让更多的人了解你吗？建立自己的个人网页吧！在这里，你可以向你的朋友还有很多其他人展示许多个性有趣的东西。

☺ 个人主页的服务器

经过网络公司的网络许可，你通常能够在它们的服务器上获得免费的空间来设置自己的个人主页。

☺ 设置个人主页

首先建立思路，想想你建立个人主页的目的和意义。你想展示个人图片？还是想介绍与某个主题相关的信息？还是想提供一些网站链接？思维导图可以帮助你整理思路，然后一步步地建立起自己的个人主页。

☺ 制作和编程

你可以将图片扫描，然后用相应的软件或程序对图片进行整理。制作个人主页还需要一定的 HTML 知识，最后还需要安装一种软件将你的数据上传至服务器，这样的文件传输软件可以从网上免费下载。

小结

网络带来了什么？

· 网络给你提供了很多与他人沟通交流的方式，例如邮件、网络群组和聊天室。

· 你还可以在网上体验很多有趣、搞笑，甚至疯狂的事情。

· 如果你愿意，还可以制作自己的个人主页。

网络百科

☺ GIF

GIF是图像互换格式Graphics Interchange Format的缩写，是除了JPG以外的另一种重要网络图像格式。如果将多张GIF文件按顺序播放，就形成了动画。

☺ ARPA

ARPA是Advanced Research Projects Agency的缩写，指美国国防部高级研究计划署，其在20世纪60年代研发了第一个较大的网络——阿帕网（ARPANET）。

☺ 浏览器

一种能够支持网页浏览的程序软件。

☺ CERN

欧洲原子核研究中心 Conseil Européen pour la Recherche Nucléaire 的缩写，1989年在日内瓦创立万维网。

☺ 聊天

在网络中直接进行交流的一种方式。和打电话不一样的是网络聊天不张嘴不用耳，而是通过手指敲击键盘和目视屏幕相互交流。

☺ 主机

多机系统中起主要作用和控制作用的计算机，在互联网协议下，能通过网线与其他计算机互相访问的本地计算机。

☺ 赛博空间

cyberspace，由威廉·吉布森在他的著作《神经浪游者》

中首次创造出来。在书中"赛博空间"被描写成一个与现实相对的虚拟世界，今天这个概念已经等同于网络。

☺ 表情符号

在发邮件或信息的时候用来表达当时心情的符号或表形文字。表情符号由不同的符号组合而成，例如 ;-), :-(, ;->。

☺ FTP

如果要通过网络从一台电脑中复制数据，就需要使用文件传输协议（File Transfer Protol）。

☺ HTML

超文本标记语言（Hyper Text Markup Language）是一种网页文档描述语言，在此基础上建立起网页。

☺ 超文本

通过链接（Links）连接在一起的文本，能够形成联网结构。

71

☺ ISDN

综合业务数字网（Integrated Services Digital Network），产生在现有的通信网络基础之上。

☺ JavaScript

一种由程序语言"JAVA"发展而来的脚本语言，用于网页的交互元素嵌入。JavaScript 由 HTML 码组成。

☺ 网络群组

这种服务可以通过邮箱程序设置。在一个群组里，人们可以"聚"在一起讨论某个话题。聊天记录可以随时回查。

☺ 简报

一种针对某个特定领域的服务，通过邮件方式将最新消息直接发送给订阅的用户。

☺ 插件

浏览器功能扩展的补充程序。这种程序使浏览器能够展示默认文档类型以外的其他内容。

☺ 门户网站

为一定的目标群体将各种网站链接排列分类的网站，通过该网站能链接到其他网站。

☺ 服务器

与网络连接的高性能计算机，能够为在网络上的计算机提供其所需的数据。

☺ 搜索引擎

借助搜索引擎能够在网上搜索到需要的信息。

☺ TCP/IP

传输控制/网际协议（Transmission Control Protocol/Internet Protocol）是由美国国防部研发出来针对电脑之间传输数据的协议，是网络中数据传输的准则。

☺ URL

统一资源定位符（Uniform Resource Locator），即网页地址，是因特网上数据的唯一地址。

☺ WAP

无线应用协议（Wireless Application Protocol）是从因特网传输数据到移动设备（例如手机）的新标准。

☺ 网络摄像头

一种能拍摄照片并展示到网络上的摄像机。

☺ WWW

万维网 World Wide Web 的缩写，全球范围内的电脑网络，提供各种信息。

潜能开发总动员

学会自我激励
[德]赖因哈德·施普伦格
[德]克里斯蒂娜·索尔

认识自己的长处
[德]莫妮卡·孔茨
[德]哈迪·瓦格纳

发现你的创造力
[德]比约恩·格默

变身演讲高手
[德]克里斯蒂娜·索尔

定价: 68.00元

提高成绩有诀窍

成为运算高手
[德]乌里·基斯林　[德]迪尔克·康纳茨

打造满分作文
[德]达尼埃拉·托伊雷尔

轻松完成家庭作业
[德]比约恩·格默
[德]克里斯蒂娜·康纳茨

搞定课堂测验
[德]迪尔克·康纳茨
[德]克里斯蒂娜·康纳茨

巧解应用题
[德]比约恩·格默

定价: 88.00元

这样学习效率高

学会绘制头脑地图
[德]比约恩·格默
[德]克里斯蒂娜·索尔
[德]迪尔克·康纳茨

让你提高记忆力
[德]克里斯蒂娜·索尔
[德]迪尔克·康纳茨

学会集中注意力
[德]比约恩·格默

找到你的学习方法
[德]迪尔克·康纳茨
[德]克里斯蒂娜·索尔

定价：68.00元

管好自己最重要

学会管理时间
[德]洛塔尔·J.赛韦特
[德]迪尔克·康纳茨

学会实现目标
[德]迪尔克·康纳茨
[德]胡内特·施瓦茨

学会保持健康
[德]乌尔里希·施特龙茨
[德]迪尔克·康纳茨

学会利用网络
[德]塞巴斯蒂安·索尔

定价：68.00元

学会放松
[德]迪尔克·康纳茨
[德]克里斯蒂娜·索尔

让你增强自信心
[德]芭芭拉·希普

学会战胜压力
[德]芭芭拉·希普

学会正确处理冲突
[德]比约恩·格默
[德]克里斯蒂娜·索尔

定价：68.00元

自信社交我最棒

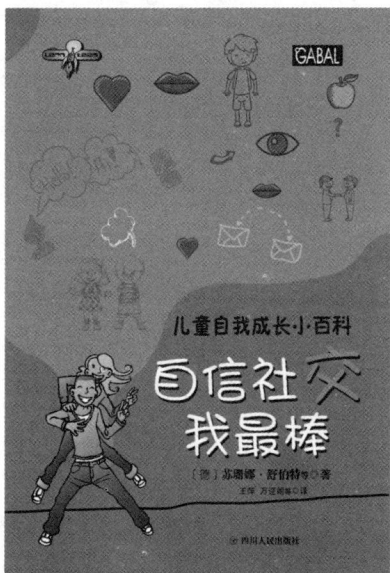

成为说服他人的专家
[德]克里斯蒂娜·索尔
[德]迪尔克·康纳茨

学会与异性正确交往
[德]迪尔克·康纳茨
[德]迪尔克·杰勒曼

拥有完美举止
[德]苏珊娜·舒伯特

快速提高口头表达能力
[德]比约恩·格默　[德]迪尔克·康纳茨

学会与人相处
[德]莫妮卡·孔茨　[德]哈迪·瓦格纳

定价：88.00元

学会实现目标

[德] 迪尔克·康纳茨　胡内特·施瓦茨◎著

邓慧嘉◎译

四川人民出版社

图书在版编目（CIP）数据

管好自己最重要 /（德）塞巴斯蒂安·索尔等著；
邓慧嘉译 . -- 成都 : 四川人民出版社 , 2017.8
（儿童自我成长小百科）
ISBN 978-7-220-10045-1

Ⅰ . ①管… Ⅱ . ①塞… ②邓… Ⅲ . ①自我管理—研
究 Ⅳ . ① C912.1

中国版本图书馆 CIP 数据核字（2017）第 040161 号

著作权合同登记号　图进字 : 21-2017-447

Published in its Original Edition with the title
Ziele erreichen - fit in 30 Minuten
Author: Hubert Schwarz, Dirk Konnertz
By GABAL Verlag GmbH
Copyright © GABAL Verlag GmbH, Offenbach
This edition arranged by Beijing ZonesBridge Culture and Media Co., Ltd.
Simplified Chinese edition copyright © 2017 by Beijing Reader's Cultural & Arts
Co., Ltd.
All Rights Reserved.

儿童自我成长

之 快速学习法

本书旨在让你短时间内赢得挑战，实现目标。

● 每一章都围绕三个核心问题展开。

● 每一章末尾将再次总结最重要的内容。

本书结构清晰明了，便于你随时拿在手中翻阅自己感兴趣的部分。

目录

开篇语

没有目标的人，将在生活中迷失自我。

——亚伯拉罕·林肯

没有目标，盲目向前，将一切都寄托于偶然的机遇，这种危险的心态一直潜伏在许多人的心里。有这种心态的人，一定会渐渐迷失在这个快速向前的社会中。那么你呢？

- 你目前有明确的目标吗？

- 你知道你的目标是什么吗？

- 你清楚自己的能力吗？

☺ 设定目标——寻找挑战

希望本书能鼓励你找到自己在学习或生活中的目标，挑战自我，发挥全部才能。

我们邀请你迎接新的挑战，让生活始终充满紧张和刺激感。每一次新的挑战都能拓展你的能力和领域，从而让你渐渐成长。

☺ 规划成功之路

好的规划和准备是成功的基础。在第二章中我们将告诉你如何一步一步实现目标，让你学会如何具体规划成功之路。

☺ 专注于目标

专注并不容易，但是只有专注才能实现目标。那么，如何才能让自己专注于目标？第三章会给你详尽的解答。

☺ 战胜困难

在实现目标的道路上总有各种各样的阻碍，一帆风顺地按计划发展的情况微乎其微。不过，一旦跨越这些障碍，就

能极大地提高你的自信心，使你获得新的力量。通过第四章

你将了解到如何才能正确地应对困难和可能的失败。

祝你阅读愉快！

迪尔克·康纳茨

胡内特·施瓦茨

6

摘星星

- 你知道成功人士幸福的秘诀吗?

- 你知道你的专长吗?

- 你会满怀热情地去实现你的目标吗?

目标是行动的"马达"，是潜在的驱动力。如果你设定了目标，并为此始终不渝地付出，那么你会对此充满热情。而且，在追求目标的过程中跨越重重障碍最终到达目标时所享受到的成就感是无法言表的。

　　但最重要的是——这个目标是你自己的。因为

只有你真正想达到这个目标，才能在追求目标的道路上感受到这种动力。

自己决定自己的路

自己的道路由自己决定！你可以像菲奥娜那样希望下次作业得到2分①，也可以像斯蒂芬那样希望中学毕业后成为杀猪师傅的徒弟。为什么对自己的目标定位越明确就越能更快成功，甚至更加幸福呢？

---

① 德国学校采用6分制计分，1分最高，6分最差，4分及格。

幸福的真意

米哈伊·奇克森特米哈伊是著名的美籍匈牙利裔心理学家，他跟他的学生一起围绕"幸福的真意"进行了多年的研究。

他试图找到有幸福感和满足感的人跟其他人的不同点，最终发现关键原因在于：幸福的人拥有许多"心流体验"。

当你为了战胜一个挑战或者实现你所设定的一个目标而必须施展所有才能的时候，就会真切地感受到"心流"。

☺ 挑战太小 = 要求过低（被看轻）

如果你选择的目标毫不费力就实现了，那么你就感觉不到有挑战性。目标设定过低会让你感到枯燥无味，因为你很

心流示意图

快会意识到自己其实有更强的能力去实现更远大的目标。在这种情况下不可能体验到心流。任务太简单就会被忽视，以至于做事不够用心，无法专注。因为感到枯燥和不够专心而出现愚蠢错误或疏忽的情况并不少见。

你能回忆起过去对自己要求过低的情况吗？

☺ 挑战太大 = 要求过高（受负累）

如果你尝试的挑战事实上是你无法战胜的，那么你同样不会有幸福感。目标设定过高会让你感到负累，因为它超出

11

了你的极限。你可能很快就会灰心丧气或者感觉到害怕。在这种糟糕的状态下，你也无法体验到心流。

你能回忆起过去对自己要求过高的情况吗?

☺ 选择适合自己的挑战 = 心流

如果你设定的挑战与你的能力相符，那么就会产生心流，并且能获得巨大的幸福感。

心流体验的典型特征:

- 全神贯注。

- 内在动力。

- 激情。

在所有的生活领域，即学习、体育、休闲及和家人朋友的相处中，都能获得这种心流体验。

此外，感受这种心流并不一定要有一个非常远大或者特别的目标。如果你想把下一次家庭作业的分数提高一个档次，那么，现在就必须把自己的能力完全发挥出来，即使是从不及格到及格的一个努力过程也会带来心流体验。

当你自己的能力恰好能战胜一个挑战的时候，心流体验

是最刺激的。

美国最成功的职业高尔夫球运动员杰克·尼克劳斯曾经很中肯地描述道:

比赛越艰难越紧张,高尔夫给我带来的乐趣就越大。大比分获胜给人带来的是另一种满足感,但是绝对无法和必须拼杀到最后一球的快感相提并论。

你还回忆得起你（在学习、体育或其他休闲活动中）必须全力以赴、用全部热情、发挥所有能力才能最终战胜的挑战吗？

拿出一张纸，把当时的情景准确地描述出来：

- 挑战在哪儿？

- 为了达到目标，你采取了哪些措施？

- 你必须跨越哪些障碍？

- 在努力过程中，你感觉如何？

- 当你达到目标的时候，你感觉如何？

- 这次经历让你获得了应对哪些新挑战的信心？

发现自己的能力

为了设定合适的挑战项目，你首先必须认清自己的专长。下面的"专长概述表"能帮助你发现自己的强项，列举出你的特点，比如勇敢、有决断力、有恒心、自律、专心、准确、理解力强、记忆力好、团队能力强、有说服力或自信。计算、写作、跳舞、绘画、唱歌、表演、运动、会乐器等也是个人专长。

判断每种专长对于你的重要性。给每个专长打分，从1分（特别重要）到5分（相对不重要）。

如果你觉得难以确定和评估自己的特长，那么你可以问问父母或者好朋友。

☺ 继续发展你的能力

考虑一下，你还想发展哪些新的能力，以及你还想加强哪些现有的能力。

每增加一个新的能力或者是其他能力得以加强，都会让你的自信心增加。

☺ 专长概述表

我的个人专长   **重要性**

我想培养的新能力   重要性

我想增强的现有能力   重要性

目标——寻找适合自己的挑战

心流，也就是前文中提到的通过正确权衡个人能力、选择正确的目标并发挥特长、战胜困难、达到目标时所感受到的幸福感。

比如你的数学作业不及格，而且你的数学技能暂时还不

怎么突出，那么你下次数学作业的目标就不应该定得太高。按照实际情况评估自己的能力，有的放矢，将目标定为"好好准备，多做练习，争取及格"，那么你在努力的过程中就能感受到很多心流。

如果你现在跑100米短跑的成绩是13.8秒，你却将目标定为通过8周训练后缩短至12秒，那么很可能会遭受巨大的挫败感。

如果你知道通过8周专业训练将百米速度缩短到13秒是可能的，那么就可以将此作为自己的目标。当发现通过相应训练，你的百米成绩每周都能加快0.1秒时，你会感受到很大的乐趣。

☺ 一步一步提高自己

挑战并不是不断寻找特别远大的目标让自己有满足感，恰恰相反，美国现代教育之父、著名的成功学大师戴尔·卡耐基曾经说过：

> 设定一个小小的目标，然后实现它。再设定新的、稍微大一点的目标，再实现它—— 这就是成功。

下面你将读到几个关于目标设定的实例，涉及不同的生活领域。

然而什么是正确的目标，应该如何具体规划呢？

☺ 个人目标实例

目标或挑战	我将发挥这些专长
下次数学作业要及格	勤奋（我每天额外学习一个小时数学），成功的意志
通过一定的专业训练，百米短跑成绩提高到13秒	提高速度，加强训练（我参加训练，风雨无阻），相信自己（我比去年快了1秒）
在英语等级考试中获得"良好"	口语，良好的词汇记忆力，陈述（我能很好地进行陈述并能即兴准备陈述内容）
和我的嘻哈乐团参加乐团决赛	团队能力，天赋（我们很棒），优秀的舞台表现力

☺ 个人目标设定

目标或挑战	我将发挥这些专长

激情促成高效

追求目标的激情越大，就越能迸发出更大的能量去实现它。

☺ 热爱是唯一的原动力

只有在自己内心驱使下去追求的目标，才能最终实现。父母、老师、朋友或者其他人对你的期望都是空谈，追求目标由始至终都是一场独立的运动，你必须完全地热爱它！

可能你现在要问："我如何才能对数学产生激情？"答案是："如果你真的想在这门功课上取得进步，你就必须去努力坚持，尝试各种方式！"每个运动员、歌手、演员、管理者都为了他们的目标，倾注全部。

只有全身心地去追求一个目标，才能对此达到百分之百的专注。只有这样你才能达到最高效率，并且享受准备、学习、训练、比赛和考试的努力过程。

☺ 自己承担责任

你要自己对结果负责。如果目标实现了，那么你获得了个人成功，可以为此欢呼雀跃。如果目标失败了，那么你必须思考，还需要做些什么才能在将来取得成功。

小结

- 幸福的人有很多心流体验。如果你能够根据自己的能力选择正确的挑战，就会产生心流。
- 其中，知道自己的能力，并且思考你还想提高或发展哪些能力很重要。知道自己的能力，才能找到可以带给你乐趣并且发挥你所有能力的挑战。
- 只有充满激情地去追求目标，你才能完全投入，达到最高效率并取得成功。

② 规划
成功之路

- 你想了解成功人士是如何规划他们的目标的吗？

- 你知道想象力对实现目标的重要性吗？

- 如何进行正确的战略规划？

准备时间加倍，执行时间减半！

——管理培训师、目标规划师　约瑟夫·施密特

有效的规划和准备能提高成功几率。你为此付出时间，之后就会获得相应的数倍回报。在规划中你需要回答的问题包括：

为了实现目标，我能够采取哪些紧急措施？

思考为了接近目标，自己可以马上采取的行动是什么。

哪些步骤（阶段性目标）是通往成功的必经之路？

越频繁地检查自己是否还在实现目标的正确道路上，自己就会越自信。只有这样你才能在偏离轨道的时候及时做出调整。

通过哪些策略能够实现目标？

思考哪些具体的措施能让你实现阶段性目标并最终达到终极目标。

通过以下内容你将了解到如何能将想法转化成具体的规划，从而实现目标。

瞄准目标

规划目标之前，必须首先对其进行准确描述。通过以下方式你可以准确锁定目标。

☺ 以第一人称描述目标

以第一人称"我"开始所有的描述，因为这是你的目标！

☺ 准确描述你的目标

一定要用明确的、具体的语言进行描述，比如"我想在学校表现得更好"或者"我想取得更高的分数"，这样模糊的描述虽然也表达了良好的愿望，但并不是明确的目标；不要用限定性词汇进行描述，比如"有时候""可能""如果是这样或那样"等，因为这些词汇只会让你内心的怯弱感升级。

☺ 给自己设定一个实现目标的期限

为了检测目标是否能够实现，准确的时间限定非常重要。只说"我要让我的英语成绩达到'良好'"是没有意义的，因为你的目标没有期限。

☺ 积极地描述你的目标

潜意识就像80％位于水平面以下的冰川一样，你做的所有事情只有20％是有意识的，80％是在潜意识驱使下进行的。潜意识中的消极思想会对你产生消极影响，让你只想到"可怕"的一面。

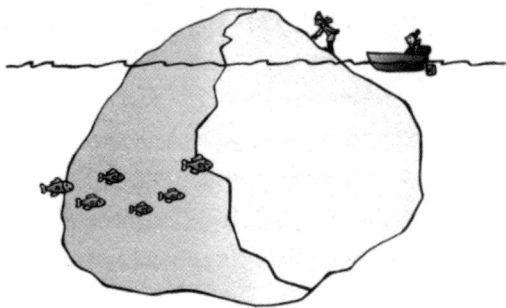

所以在目标描述中要避免使用消极的词汇，不要说"我的数学成绩不能再不及格了"或者"我不能留级"。

☺ 描述你的目标，仿佛已经实现了一样

将你实现目标时的情景摆在眼前，不要说"我将在网球区域冠军赛中获胜"，因为未来通常很遥远。更好的描述是："我赢得了 9 月 20 日的网球区域冠军赛决赛！"这能将你的潜意识设定为成功模式。

向目标开炮

首先你必须知道自己已经到达那里。

——引自《海鸥乔纳森》

在潜意识里存储越多积极的图像，你就越能以积极的状态迎接挑战，所以需要花时间把目标实现时的图像传送到你的潜意识中去。想象为目标奋斗的过程，并提前享受成功的快感，这将赋予你巨大的能量。很多顶级运动员都有过类似的行为。你是否观察过滑雪运动员在世界滑雪比赛开始之前的模样？他们通常会闭上眼睛，感受整个比赛在眼前进行，加速、冲刺……在出发之前，在他们的脑海中自己已经是冠军，所以战胜即将到来的挑战变得更加容易。

现在你也把自己作为胜利者的图像传送到潜意识中去，在头脑中想象自己是胜利者的情形，还可以想象自己实现最终目标时的情景：

- 你看见了什么？

- 你听到了什么？

- 你感觉到了什么？

- 你说了什么？

- 其他人对你说了什么？

- 谁和你一起庆祝成功？

☺ 制作一张你实现最终目标时的快照

你可以自己动手画一张，或者借助电脑（扫描仪、制图软件、彩色打印机等）制作一张合成拼接照，把它挂在你房间最显眼的地方。每天看着它，你就会有新的动力去实现它！

毕加索曾经说过："可以想象到的，就能实现。"

一步一步迈向成功

　　我努力，不是为了赢得比赛。我努力，也从来不是为了赢得这一局。我努力，只是为了赢得这一分。

　　　　——史上最成功的职业网球运动员　皮特·桑普拉斯

　　能成为网球高手是因为他们掌握了成功的秘诀，但他们的成功来之不易。皮特·桑普拉斯把每次相持球的得分都看作一次成功，因为这让他离自己更大的目标——赢得比赛——又近了一步，所以在每次相持球的时候，他的注意力都高度集中。

☺ 每次阶段性成功都让你变得更强大

在为目标而努力的过程中，越多体验或大或小的成功，就越能激励自己。某个阶段性目标的实现能够给人带来自信，并证明自己努力的方向是正确的。当你实现某个阶段性目标的时候，让自己有所意识，因为这会给你的下一步行动带来正面的推动力。

☺ 及时做出必要调整

你可以定期检查自己是否还在实现目标的正确道路上。

如果你的阶段性目标落空了，那么赶紧抓住机会快速反应，做出相应的路线调整，改变接下来的目标，或者增加额外的阶段性目标，以实现最终目的。

请按以下提示将你的目标分为几步：

- 思考一下在你实现目标的过程中有哪些可检测的阶段性目标。

- 确定实现每个阶段性目标的时间点，累积的时长应该与实现最终目标的计划时长相吻合。

- 慢慢开始，在初始阶段不要操之过急，而是选择一个相对容易的挑战，然后再一步一步向上提升。

- 实现阶段性目标的时候记得给自己一个小小的奖励。

- 将休息时间也计划在内，以免陷入没有时间喘息的境地。

战略规划

现在，你可以从目标检测开始规划实现目标的战略道路。

☺ 目标检测

- 你的目标切合实际吗？与你现在的能力相符吗？

  如果是，那么你在追求目标的过程中就能感受到很多心流体验。

- 你真的想实现这个目标吗？

  如果是，那么说明你已经做好面对挑战的准备，当然也会对此充满激情。

- 你的目标描述是否正确？

  如果是，那么就意味着你明确地知道自己想要什么。

● 你已经能想象到成功了吗？

如果是，那么没有什么能成为你实现目标的障碍。

☺ 目标和战略规划

以下是一个关于目标和战略规划的实例。你可以用相同或类似的方式描述你的目标。

从山脚开始，经过一栋又一栋山间小屋（阶段性目标），最终到达顶峰（你的目标）。

目标：我在学年末平均成绩达到2.4分。

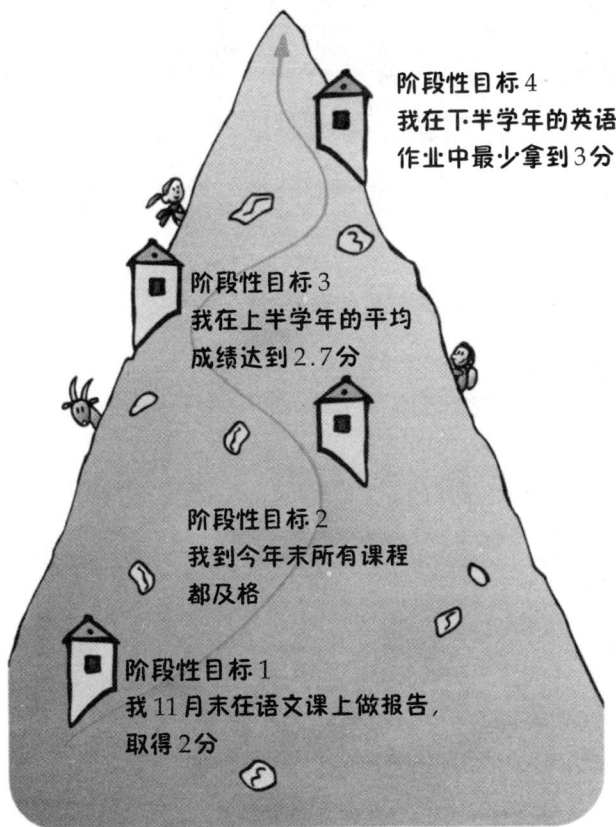

阶段性目标4
我在下半学年的英语
作业中最少拿到3分

阶段性目标3
我在上半学年的平均
成绩达到2.7分

阶段性目标2
我到今年末所有课程
都及格

阶段性目标1
我11月末在语文课上做报告，
取得2分

战略规划

战略	时间
我向语文老师征求一个报告主题	10月1日前
我用单词卡片索引学习上个学年的单词	马上开始
我接受英语（较弱）辅导课程	从10月开始
我和尼可拉斯一起额外学习数学	从现在开始，每周2次，每次1小时
我整理历史课讲义，并主动上交	从12月中旬开始
我每天都多花半小时学习	马上开始
我借助时间规划表合理安排时间	马上开始，和爸爸一起制作时间规划表

你可以为任意挑战设置这样的目标规划，无论是在学习、体育还是在音乐方面。

你要多花时间进行目标规划，时刻想着"准备时间加倍，执行时间减半"。你准备得越充分，实现目标的可能性就越大。

小结

- 目标规划以明确的目标和目标描述为起点。注意一定要从自己的立场具体地、积极地进行目标描述，仿佛你已经实现了目标一样，而且不要忘记确定实现目标的时间点。

- 为了让你从开始就对成功充满信心，可以发挥想象制作你自己实现目标时的个人快照。像很多成功的运动员那样，事先想象自己成功时的情景。

- 将目标分成小步或阶段性目标，这样你可以在执行过程中不断检测自己是否仍在实现目标的正确道路上。

- 借助目标和战略规划表你可以对实现目标的步骤进行准确规划。

3 完全专注于
目标

- 你想知道如何才能完全专注于目标吗？

- 是什么分散了你的注意力？

- 你知道对实现目标的思考有多重要吗？

如何才能把一颗钉子钉进木板？是的，你必须尽量避免让锤子落在旁边或自己的手指上，而是准确地落在钉子上。

如何才能在电脑游戏中取得高分？是的，你必须一心一意专注在游戏上，努力克服所有干扰。

对学习和个人目标也一样：只有你完全专注于目标，才能取得成功！

将钉子钉进木板这个事例恰如其分地体现出专注对于目标的意义。如果找准方向，完全击中，那么你轻松地挥锤几次，就能把钉子完全钉进木板。

　　接下来我们将告诉你如何才能百分之百地专注于自己的目标。

设定优先级别目标

你已经决定全力以赴去实现某个目标——这个目标是你最热切的愿望——那么现在所有能让你实现这个目标的东西就拥有了最高优先权。这也意味着，有些你一直优先的事情现在变得不再那么重要。

☺ 专注重点

为了真正实现目标，你应该专注于以下三件事情：

1. 实现目标

所有能让你达到目标的重要措施。

2.休息

休息对于新力量的储备非常重要。想想能让你休息放松的方式，比如读书、听音乐、散步、聚会、看电影、见朋友等，归根结底一句话，要善待自己！

3.协调

在追求目标中寻求平衡与协调很重要。培养一个既能给你带来乐趣又能让你积极向上的爱好，比如某种体育运动、玩纸牌、演戏剧、玩音乐、做手工等。

在时间分配上要顾及周全以上三个方面。

☺ 专注于一个目标

同时追求的目标越多，就越有可能失去总揽能力，甚至在某个时刻对事情的重要性产生混淆。在这种情况下就有可能出现多个不能按期完工的"施工现场"。

克服注意力分散的问题

追求目标的过程中总有这样或那样的事情分散着你的注意力，妨碍目标的实现。手机或电话、电视机、电脑、朋友等，这些都可能分散你的注意力。

☺ 锯条效应

如果你被干扰，比如在努力做家庭作业的时候接了5次电话，那么就会出现所谓的"锯条效应"。

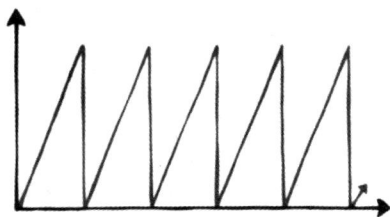

每一次干扰都会使你的注意力降低为零。被干扰以后重新开始，需要再经过一定的时间才能达到专注。在这种情况下，你需要多花费30％的时间才能完成任务。

☺ 制订学习和休闲计划

学习和休闲计划有助于你对总体的时间有一个明确的把握。

记下你在一个星期中每天用于家庭作业、额外学习和休闲的总时间。遵守计划很重要——持之以恒！

☺ 克服注意力的分散

你可以用以下方式找出是什么分散了你的注意力。第一步，写下哪些事物对你造成了干扰，为此你平均每天花费了多少时间。例如：

分散注意力的事物	每天占用的时间
电话或手机	35分钟
电脑游戏	20分钟
电视机	60分钟
兄弟姐妹或朋友的干扰	10分钟

然后，思考你可以通过哪些具体措施快速消除注意力的分散。把你的想法全部写下来，例如：

- 在学习的时候关闭手机。

- 告诉我的朋友或兄弟姐妹，我下午4点以后才有时间，在那之前不要打扰我。

- 不要玩电脑游戏。

- 每周最多看6小时电视。

☺ 分散注意力的事物分析

分散注意力的事物   每天占用的时间
                                （分钟）

我马上采取以下行动，以克服注意力分散的问题：

1.

2.

3.

4.

5.

6.

7.

庆祝阶段性成功

每个小小的成功都会让你更有动力——这是积极正面的！所以要重视每个阶段性成功并加以庆祝，因为这说明你下一步的方向是正确的。欢呼吧！这是值得开心的事情。

☺ 专注于下一个阶段性目标

只专注于紧接的下一步会让事情变得更轻松，这会让你要翻越的"山"显得更平坦。所以把你的注意力集中在计划的下一个阶段性目标上。

在达到一个阶段性目标之后，立刻制订出应对下一个阶段性目标的战略：

● 下一个阶段性目标的具体内容是什么？

- 采取哪些措施可以实现它？

- 如果我实现了这个目标会有什么感觉？

- 实现目标的时候，怎么庆祝？

庆祝上一个胜利之后，静下心来迎接下一个挑战。

静下心来冲击目标

静下心来，孕育力量！

——德国谚语

如果你正确规划了实现目标的道路，那么就拥有充分的时间冷静从容地朝着目标迈进。

☺ 驻足思考

人们不能因为做的事情太多，而没有时间思考。

——美国政治家　威廉·杰弗斯

所以你要静下心来，定期检测你的计划。到一个安静的地方，回答下面几个问题：

- 我还在实现目标的轨道上吗？

- 我需要改变路线吗？

- 我采取的战略有效吗？

- 或许还有更好的选择？

☺ 力量分配

不要在一开始就耗尽所有力量。很多人遗憾地与成功失之交臂都是因为成功在即，自己却精力耗尽。养精蓄锐对于积累新的力量非常重要。在目标规划中一定要把休息时间计划在内。

☺ 毫无顾忌地睡一觉

如果有一天，无论你怎么努力都找不到解决问题的办法，那么就交给潜意识吧！毫无顾忌地睡一觉，也许第二

天就会有一个很棒的新主意冒出来。因为深夜的时候会有精灵出现来帮助你。

小结

- 专注于目标是成功的重要前提。

- 分析并消除所有分散注意力的事物。

- 专注于马上到来的挑战——下一个阶段性目标。

- 让自己对阶段性成功有所思考。

- 驻足思考才能了解自己是否一直走在实现目标的正确道路上，才能知道自己的计划是否有助于成功。

④ 实力与
坚持

- 你内心的胆怯对你有什么影响，如何才能克服？

- 你知道战胜危机的方法吗？

- 该如何面对失败呢？

　　"为了够到水壶，我必须等待阵风之间的间隙。因为内心的挫败感而叫喊根本无济于事——这只会弄得我满嘴沙尘。从现在这个情况来看，骑自行车准时或者能到达阿布辛拜勒的可能性几乎为零。这种想法折磨着我，因为我不想下车认输，我只想按我计划的那样一公里一公里地往前骑……我只要偏离我缓缓行驶的坐骑、我的防护板一点点，风马上就会把我往左压偏两三米，我必须用吃奶的劲努力地挣扎才能回到原来的位置。我的腋下已经结了一层沙茧，裤子内侧已经慢慢变成了砂纸，每踩一步，皮肤就好像被刺穿了一样。

　　我早已感觉不到自己前进的速度，我完全不想知道自己的车移动得有多慢，我唯一坚持的是不让自己的腿停下来。下车的念头从未停止，特别是看到别人这么做的时候……

到达阿布辛拜勒是对抗自己内心胆怯的一次胜利，是通往柏林途中的一座心理的里程碑。"

胡贝特·施瓦茨，在自行车马拉松比赛"80天环游世界"的第13天，穿越埃及大沙漠前往阿布辛拜勒。当时温度是12.7摄氏度，并伴随有强烈的沙尘暴。

战胜内心的胆怯

> 如果你有放弃的念头，那说明你已经放弃了。

> ——极限运动员 乔伊·凯利

☺ 克服消极的思想

你肯定遇到过这种情况——内心的胆怯成为实现目标的障碍，它让你无法喘息，使你软弱无力。它在你的耳边低语：

- 我肯定办不到。

- 这太难了。

- 今天不属于我。

- 还有其他更好的选择。

- 可能下一次吧。

- 拉斯也没做到。

你内心的胆小鬼在对你说什么?

把这些消极的思想抛到一边，与内心的胆小鬼搏斗！

看看马拉松选手！每个马拉松选手在超过 42 公里的赛程中，总有某个时刻感觉自己再也跑不下去了，每迈一步都是一次折磨。放弃？不可能！马拉松选手知道，只要度过这个"危机时刻"就能绝处逢生，获得新的力量。所以咬紧牙关坚持！挺过去，就能获得重生！

在学习或其他方面也一样，面对挑战，你总会在某个时刻感觉真的很痛苦、很困难。但是，一旦度过这个时刻，你就会感受到新的力量，脚底像抹了油一样极速向前。

☺ 意志坚定

"危机时刻"需要用坚强的意志去战胜。例如，你可以在看起来没有出路的情况下对自己说："现在我只知道我不能放弃，我会一直坚持到最后！"

☺ 设计自己的口号

在遇到困难的时候，一句给自己加油的口号能起到很大的作用，它将伴随你为目标而奋斗。口号一定要积极向上，用第一人称，而且不要加限制性的词汇（比如"也许""如果这样或那样"）。把你的目标体现在句子里面，不要简单地说"我会实现它"或者"我很棒"，而是"我会超过平均分"或者"为了获得冠军赛资格我会付出所有"。如果你为接下来的挑战找到了自己的口号，那么尽量多读多念。把这句话挂在你的床头、书桌旁，粘在电脑上，写在日记本里……读得越多，它在你的潜意识中扎根就越深，能给予你新的勇气去战胜挑战。

☺ 设计你的魔法公式

观看电视转播网球比赛，场上谁占主导权？处于劣势的选手通常都会耷拉着脑袋，挥拍犹豫或者不受控制，频出骂词，把失球的责任怪在球拍、位置或裁判身上。

相反，从占优势地位的选手身上你能看到光芒在闪耀。他注意力高度集中，充满强烈的胜利的欲望，身体语言（姿势、手势、表情）积极正面。真正的胜利型选手还能够在棘手的环境下通过身体语言再次站起来：

1. 回忆某个场景，那时候你充满激情地战胜了某个挑战。

2. 把你的身体和精神切换到那个场景，在内心重现当时的经历，感受当时的胜利。

3. 然后找到那次胜利的某个象征性姿势、手势或表情，比如笔挺自信的姿态、紧握的拳头或者一个胜利的眼神。

4. 再找到某个词语或短句配合你的姿势、手势和表情，大声喊出来，比如"是的"或者"我做到了"。

5. 重复至少10次，每次都想象着胜利的场面，并用你的魔法公式表达出胜利的感觉。

现在你的心里都是积极正面的能量，这会让你自信心倍增。当你想再获得动力的时候，就用你的魔法公式施展魔法吧！

向前看

虽然逆风而行已经是极大的折磨，但这时候还有可能下雨。

——自行车选手　胡贝特·施瓦茨

如果在追求目标的过程中有什么事情没按照你的计划发展，不要绝望，而是向前看。坚强的意志尤其表现在即使处于劣势也能积极地面对未来。

☺ **转变思想**

始终想着，即便进行了最好的目标规划，也有可能发生出乎意料的事情。

例如你想在英语期末考试中获得"良"，所以你把在接下来的英语作业获得"中"作为阶段性目标，并且为此而努力准备。但是接下来发生了什么呢？作业比预期的难，英语老师提出的问题你完全没有预料到，做作业的时候你突然头疼或胃痉挛，老师评分比平时严格……结果你的成绩没达到"中"，你的阶段性目标惨遭滑铁卢。绝望还是强忍接受？不！你现在要做的是卷起衣袖，准备大干一场！

你要问自己：

- 还能有比这更糟糕的事情吗？

- 我从这次失败中能学到什么？

- 为了达到下一个阶段性目标以实现我的最终目标，我具体可以做些什么？

☺ 一笔勾销，继续向前

如果现在你一直纠结在自己的错误上，那么你将完全失去实现目标的机会。在网球比赛中经常能看到这样的现象：

一个运动员只需要再赢一局就能取得胜利。在决胜局，他明显把握了主导权，但却错失了几个提前结束比赛的好机会。几次失误以后，他不仅输掉了这一局，而且紧接着又输掉了下一局，最终整个比赛失利。

发生什么事情了？

他一直在懊悔自己错失的机会，而不是专注于下一次机会。

你要正确面对失败！不是懊悔过去，而是更多地期待当下。越积极坦然地面对下一个挑战，成功的机会就越大。时刻保持清醒的头脑，思考为了实现目标你还可以做出哪些改进。

渡过危机——克服困难

你在执行计划的时候会遇到问题吗？是否会偏离原先的轨道？任何情况下都不要像鸵鸟一样把头埋在沙子里躲避现实。遇到困难时，除了高喊"继续向前"，再加上一定的自我约束之外，还需要个人危机管理。

☺ 措施1：加强战略

通常情况下，如果能把规划好的战略强化运用，就能战胜困难。例如你一直都每天多花半个小时学习，那么可以把时间再增加一点；体育方面、乐队比赛都可以通过增加练习时间，以期向目标更进一步。

☺ 措施 2：改变战略

如果你感觉按照规划的战略已经无法实现目标，那么就改变它！除了增加学习时间还可以参加补习班，运用其他的学习技巧，如制订学习计划，和朋友一起学习……

如果你发现双腿的力量还不足以在百米赛跑中成功起跑，那么可以更多地集中精力训练起跑，进行额外的力量训练……

☺ 措施 3：改变目标

如果采取了措施1和2以后，还是无法成功，那么你还可以选择最后一种极端的可能性——将目标降低。遇到这样或那样的困难以后，降低标杆，让自己仍然有获得成功的希望。也许在开始的时候你稍微地高估了自己，把目标定得太高。比如在数学作业中，从不及格到及格对你来说已经是一个巨大的成功。

但是注意：这一步只在紧急情况下才予以考虑，首先还是为你之前制订的目标全力以赴吧！

☺ 先措施1，再措施2，然后措施1+2，最后措施3（非必要）

这不是比萨点餐的组合，而是危机管理的策略。

首先加强战略措施，如果不够，再尝试改变战略。有需要的情况下可以把加强战略和改变战略相结合。如果仍然于事无补，危急时刻只能改变目标，尽可能与前两者结合运用。

面对失败

> 我们最值得自豪的不在于从不跌倒，而在于每次跌倒之后都爬起来。
>
> ——德国谚语

😊 站起来——生活还在继续

目标失败？如果你已经尽力，那就无怨无悔；糟糕的是，你事后才意识到，如果自己能更多地约束自己，也许能实现目标。一次失败并不代表满盘皆输，但一直在失败中懊恼，将注定以失败告终。正如著名的足球教练德拉戈斯拉夫·斯蒂潘诺维奇每次失败后用蹩脚的德语说的那样："生活还在继续！"

☺ 从失败中学习

从失败中你能学到重要的东西，为此必须认真汲取教训，仔细分析失败的原因，从而改变战略。

失败后不要退缩躲避并把自己藏起来，而是要思考为了下一次的成功自己可以做什么。另外，诚实地回答以下问题：

- 我真的尽力了吗？

- 我的哪些强项其实可以发挥得更好？

- 我的目标设定太高了吗？

- 战略有问题吗？如果有，哪些方面需要改进？

- 我在什么地方偏离了既定路线？

- 如果我能防止自己偏离既定路线，应该采取什么措施？

☺ 坚持——不断地尝试

爱迪生用碳质灯丝做实验尝试了几百次，然而正是凭借着这种坚持和自信，最后他终于发明出第一个能应用于商业的碳丝灯。

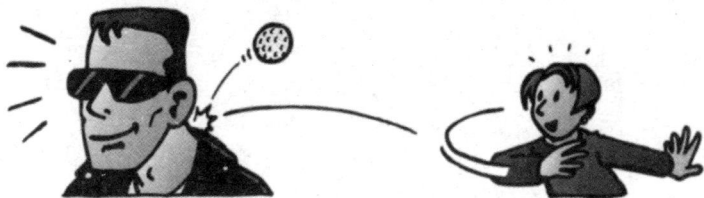

☺ **名人语录**

下面是一些名人们对"失败"的看法。

每一次错误、每一次失足、每一次丑闻、每一次低谷期都让我变得更加强大。

——德国著名电视节目主持人 托马斯·戈特沙尔克

成功来源于正确的决定，正确的决定来源于经验，而经验通常来源于错误的决定。

——美国著名心理学家 安东尼·罗宾斯

成功是定律，失败是过程。只要坚持下去，成功是迟早的事情。

——发明家　托马斯·阿尔瓦·爱迪生

害怕失败的人，永远不会真正成功。

——纽约传奇出版商　马尔科姆·福布斯

乌利·赫内斯也会犯错，但是同样的错误不会犯两次。

——拜仁慕尼黑足球俱乐部主席　乌利·赫内斯

我从挫折中比从成功中学到了更多。

——德国网球传奇人物　鲍里斯·贝克尔

☺ 实现自我预言

很多人会失败，原因在于他始终认为自己做不到，一直到他真正失败。这种现象就叫作"实现自我预言"。

如果你相信自己的能力，那么你达到目标的几率就会大大提高。

最短的小结

- 相信自己的能力，积极地向前看，谨慎地对待

  事物，然后坚持、坚持、再坚持……

思维碰撞

通过下面的文章，希望能引起你思维的碰撞，给予你勇气去尝试新的事情，给自己提出挑战，并努力去实现。

☺ 信念能移山

专注自己的内心！

学习做梦！

在自由的天空下让想象飞得更远！

带着梦想入睡！

把对现实的幻想摆在眼前！

做好学习的准备，醒过来，起床！

洗个冷水澡！

在前进中让想法更清晰！

打消解释某种想法的念头！

从直接的经验和结论中学习！

不能让两件事同时拥有优先权！

在放松的状态下想象计划的改变！

如果我将局限打破，它就不存在！

我们的生活更多地被我们的意识塑造，而不是外部环境！

——最成功的登山家　莱因霍尔德·梅斯纳尔

☺ 大黄蜂

所有的航空学家都一致认为：大黄蜂其实根本不能飞行。从物理学的角度来看，它肥大的身体对于它弱小的翅膀来说太重了，因此根本不可能飞行。

谢天谢地！大黄蜂不知道这个事实，它们轻松地飞着！

☺（错误的）未来预测

电视机在市面上坚持不了 6 个月。

——20世纪福克斯电影制片公司负责人

达里尔·F.扎努克　1946 年

鬼都不愿意听见演员们谈话。

——华纳兄弟　哈里·M.华纳　1927 年

世界市场可能需要 5 台电脑。

——IBM执行长　托马斯·沃森　1943 年

"对于每个人来说 640 KB 应该就够了。"

——比尔·盖茨　1981 年

☺ 危机 = 机会

每一次失败都会带来一次危机——但也可能是机会。"危机"这个词的含义本来就是危险与机会共存。

81

☺ 打破局限

有冒险精神，一直对自己提出超越极限的新挑战，这些挑战既要能在现实中执行，又要达到最高难度。没有什么事情能比设定的目标被实现而带来的自信更多，特别是别人认为不可能实现的事情。

——自行车选手　胡贝特·施瓦茨

潜能开发总动员

学会自我激励
[德]赖因哈德·施普伦格
[德]克里斯蒂娜·索尔

认识自己的长处
[德]莫妮卡·孔茨
[德]哈迪·瓦格纳

发现你的创造力
[德]比约恩·格默

变身演讲高手
[德]克里斯蒂娜·索尔

定价：68.00元

提高成绩有诀窍

成为运算高手
[德]乌里·基斯林　[德]迪尔克·康纳茨

打造满分作文
[德]达尼埃拉·托伊雷尔

轻松完成家庭作业
[德]比约恩·格默
[德]克里斯蒂娜·康纳茨

搞定课堂测验
[德]迪尔克·康纳茨
[德]克里斯蒂娜·康纳茨

巧解应用题
[德]比约恩·格默

定价：88.00元

这样学习效率高

学会绘制头脑地图
[德]比约恩·格默
[德]克里斯蒂娜·索尔
[德]迪尔克·康纳茨

让你提高记忆力
[德]克里斯蒂娜·索尔
[德]迪尔克·康纳茨

学会集中注意力
[德]比约恩·格默

找到你的学习方法
[德]迪尔克·康纳茨
[德]克里斯蒂娜·索尔

定价：68.00元

管好自己最重要

学会管理时间
[德]洛塔尔·J.赛韦特
[德]迪尔克·康纳茨

学会实现目标
[德]迪尔克·康纳茨
[德]胡内特·施瓦茨

学会保持健康
[德]乌尔里希·施特龙茨
[德]迪尔克·康纳茨

学会利用网络
[德]塞巴斯蒂安·索尔

定价：68.00元

心理健康会解压

学会放松
[德]迪尔克·康纳茨
[德]克里斯蒂娜·索尔

让你增强自信心
[德]芭芭拉·希普

学会战胜压力
[德]芭芭拉·希普

学会正确处理冲突
[德]比约恩·格默
[德]克里斯蒂娜·索尔

定价：68.00元

自信社交我最棒

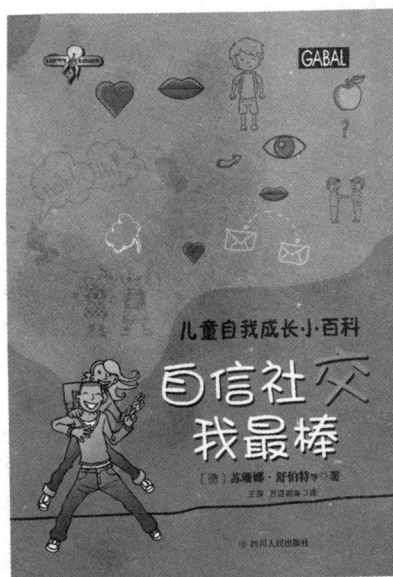

成为说服他人的专家
[德]克里斯蒂娜·索尔
[德]迪尔克·康纳茨

学会与异性正确交往
[德]迪尔克·康纳茨
[德]迪尔克·杰勒曼

拥有完美举止
[德]苏珊娜·舒伯特

快速提高口头表达能力
[德]比约恩·格默　[德]迪尔克·康纳茨

学会与人相处
[德]莫妮卡·孔茨　[德]哈迪·瓦格纳

定价：88.00元

学会管理时间

[德] 洛塔尔·J.赛韦特 迪尔克·康纳茨◎著

邓慧嘉◎译

四川人民出版社

图书在版编目（CIP）数据

管好自己最重要 /（德）塞巴斯蒂安·索尔等著；
邓慧嘉译 . -- 成都 : 四川人民出版社 , 2017.8
（儿童自我成长小百科）
ISBN 978-7-220-10045-1

Ⅰ . ①管… Ⅱ . ①塞… ②邓… Ⅲ . ①自我管理—研
究 Ⅳ . ① C912.1

中国版本图书馆 CIP 数据核字（2017）第 040161 号

著作权合同登记号　图进字：21-2017-447
Published in its Original Edition with the title
Zeitmanagement für kids - fit in 30 Minuten
Author: Lothar J Seiwert, Dirk Konnertz
By GABAL Verlag GmbH
Copyright © GABAL Verlag GmbH, Offenbach
This edition arranged by Beijing ZonesBridge Culture and Media Co., Ltd.
Simplified Chinese edition copyright © 2017 by Beijing Reader's Cultural & Arts
Co., Ltd.
All Rights Reserved.

儿童自我成长

之 **快速学习法**

本书旨在让你短时间内了解如何合理地利用时间，成为"时间专家"。

- 每一章都以三个核心问题开始，并一一给予解答。

- 每一章结束时将再次总结最重要的内容。

本书结构清晰明了，便于你随时拿在手中翻阅自己感兴趣的部分。

目 录

开篇语

时间如风，方向对了，就能带你到任何地方！

——德国谚语

时间管理不再仅仅是属于成年人的热门话题，中小学生的时间被课程之外的大量活动安排占据得越来越多。

☺ 你的时间够用吗

可能你也是时间小偷的一名"牺牲者"，在它制造的混乱中找不到出路，并且一直抱怨没有时间。如果是这样，那么你肯定需要一些建议指引你走出混乱，本书出现得正是时候。当然，已经能合理规划时间的人，也一定能在这里找到有趣的创意，以便更好地利用时间。

下面的建议能帮助你成功地把握时间，让你在将来可以把更多的时间用于生活中真正重要的事情。

首先展示给大家的是一个初级测试，通过这个测试你能对自己管理时间的情况有一个初步的了解。

- 第一章将告诉你如何利用时间制造快乐，告诉你如何打败时间小偷，还将介绍"心流"这个概念。

- 第二章将向你阐述设定和规划目标的重要性，同时提供关于未来规划的建议，教你如何寻找、描述和规划个人目标。

- 第三章将让你了解成功管理时间的基础知识，教你如何以最佳的状态开始一天的生活，如何设定事情的优先级别，以及如何克服拖沓和压力，独立掌控时间。

- 第四章将向你展示如何专业地规划时间，其中包含一个时间表模板，借助它你可以合理地规划时间。

祝你阅读愉快，收获成功！

洛塔尔·J.赛韦特

迪尔克·康纳茨

初级测试

通过这个测试你能够知道自己是否已经是一个"时间专家"。下面的说法是否与你的个人情况相符？根据相符的不同程度打 1~6 分，完全符合打 1 分，反之则打 6 分。

我喜欢新的挑战。

我有明确的学习目的。

我有明确的个人目标。

我能够完全专注于某一个任务。

我从来不会同时做几件事。

我一直切合实际地规划我的时间。

我从来不一次给自己太多负担。

我从不拖延重要的任务。

我总是很准时。

我从不忘记重要的约会和任务。

我从不让自己被时间压迫。

我能很好地放松自我。

测试结果

现在计算出你的总分！

总分：

12～24分：

祝贺你！你已经是管理时间的专家了。本书大多数的建议你也许已经有意识或无意识地熟知于心。尽管如此，你还是能找到一些新信息，并能帮助你更专业地规划时间。

25～48分：

在某些方面你已经能较好地处理时间问题，但是你一定经常感觉自己必须做出些改变，才能更好地把握住时间。

我们提出的建议针对的就是这些亟待解决的问题，能帮助你在将来成功地实现目标。

49~72分：

你的时间处理得非常混乱，不过还好你读到了这本书，马上你会意识到自己可以做出很多改善。我们给出的建议能帮助你更有效地学习、更轻松地完成作业，从而可以把更多的时间留给自己喜欢做的事情。

建议

分别在4周、3个月和1年后重复这个测试！

4周后的结果：

3个月后的结果：

1年后的结果：

把握时光，享受当下

- 你找乐子的方法是什么？你想给什么留出更多时间？

- 怎样才能抓住并打败你的时间小偷？

- 为什么"心流"体验能鼓舞人心？

　　并不是我们拥有的时间太少，而是我们浪费的时间太多。

　　　　　　　　　　　——古罗马哲学家、诗人　塞内加

　　这句名言恰好击中了要害：人们总是在抱怨时间少，很多人都会把"我没有时间"挂在嘴边。这其实是一个谎言，因为每个人每天拥有的时间都是24小时、1 440分钟、86 400秒。时间，也许是这个世界上唯一公平分配的东西。那么你的任务就是将这些时间最优化运用。

　　然而，这已不再是件容易的事，因为我们处在一个科技突飞猛进的时代，每天都有潮水般的信息涌过来。电脑技术的迅猛发展就充分地证明了这一点。

　　如果现在你已经意识到时间的价值，那么你已经找到了正确的开端。

管理时间，让生活更快乐

你做的哪5件事让你最快乐？把它们写下来，然后估算你平均为此花费的时间。

快乐之源　　　　　　　　　　　　　　　**每天花费的时间**

☺ 享受生活

什么是你的快乐之源？学习新的东西、和朋友在一起、玩游戏、运动、读书、偷懒，还是睡觉？每个人的快乐之源都不一样。

另外，成功地安排时间并不意味着要放弃能给你带来乐趣的事情。读过本书之后，我们甚至能承诺你在将来有更多的闲暇和安宁去享受这些快乐。

> 时间是我们永远的伴侣，提醒我们享受当下。
>
> ——德国谚语

生活的快乐会给你的学习、工作增添动力和能量。

想了解人们是如何度过他们的一生吗？下面这些有趣的数据会告诉你答案。

☺ 人们如何度过一生

一项调查显示，每个人在睡觉上花费的平均时间大约为25年，这无疑非常重要。但排名第二的项目却让人大跌眼镜——看电视是8.3年。接下来分别是工作7.5年、吃饭6年、等待和家务各5年、身体护理4.1年、做白日梦4年，等等。

远远落后的是读书时间（6.9个月）和令人既费解又担心的运动时间（4.4个月），几乎快要被找钥匙的时间（3个月）超越。

这些数字反映的并不是你的个人情况，而是一个平均值。但是从这些平均数据中至少可以看出：这样安排时间肯定无法获得幸福的生活！

☺ 有意义的事情是什么

什么才是既能带来乐趣又有意义的事情呢？仁者见仁，智者见智。

让我们回到你的快乐之源。拿出一张白纸和一支笔，尽量多地写下那些能给你带来快乐的事情及原因。

结果一目了然，选择至少能找出3个正面理由的事情告诉自己将来一定要坚持下来，因为它们是真正的快乐之源。另一方面你也要考虑一下，放弃那些一直毫无收获的事情。

☺ 成功带来更多快乐

每个人都想成功——无论是学习、工作、个人生活，还是兴趣爱好……

"成功"这个词的意思是达到预期的目标，逐步地实现有价值的理想。也就是说，成功是目标实现的结果。等待成功从天而降，那只能是天方夜谭。

所以从今天开始专注于能为你带来个人成功的事情，并准备为此付出时间和努力。一旦战胜了内心的胆怯，你就会发现，那些你现在还不大乐意去做的事情会给你带来巨大的快乐，如学习和练习。这样的事情其实是有意义的，因为它们让你距离成功更近了。

你肯定有过这样的情景：一开始艰难地努力去克服某些困难，但是最后为此付出的努力却给你带来了快乐。由此可见，人是生而安逸的，需要某种东西驱使自己去"做些什么"这样才有存在感。每个成功的运动员和音乐家都能证明这一点。一旦打破自己的安逸情结，你就能获得巨大的能量去追求成功。所以你现在需要给下面几个问题以肯定的答案：

● 你想成功吗？

● 你敢挑战内心的胆怯吗？

● 你准备好为此付出时间了吗？

这是值得的。有了这些想法，你就迈出了成功把握时间的第一步，而且还能获得很多乐趣。

抓住时间的小偷

时间小偷会偷走你宝贵的时间——原本用这些时间你可以做很多有意义的事情。它偏爱在你学习和工作的时候悄悄靠近，你不把它抓出来并制服它，它就会重复作案，一直偷下去。你是否学习了一个下午却收效甚微，计划了很多但最后真正执行的却很少？其中的罪魁祸首就是时间小偷。

☺ 找出你的时间小偷

通过接下来的表格，你可以大致了解你的时间小偷有哪些。表格中已经列出了几种可能性，下面还有足够的空白让你补充。大概估算一下，每个小偷每天偷走了你多少时间，然后思考其中有多少时间是你马上想用来做其他有意义的事情的。最后计算出你总共争取了多少时间来做重要的事情，把结果记录下来。

　　从现在开始，我每天多了 _____ 分钟做重要的事情！

我的时间小偷	每天偷走的时间（分钟）	我可以放弃的时间（分钟）
过多地看电视		
玩电脑		
不必要的电话		
追求"不切实际"的东西		
整理混乱的房间		
学习时受到的干扰（父母、兄弟姐妹等）		
总计（分钟）		

☺ 缉拿时间小偷行动计划

制订一个长期与时间小偷做斗争的行动计划，写下具体的行动指南。例如：

- 我每周制订一个具体的学习计划表，严格遵守并自我监督。

- 等学习结束了我才打电话。

- 等学习结束了我才打开电视机。

- 每周五下午把房间收拾整洁。

- 我和我的家人约定好学习时绝对保持安静。

把这些约定写在一张大大的纸上，最好把它贴在显眼的地方，这样你每天都能看到自己的计划。

要牢记，学习中的每一次干扰都会导致你接下来必须要花费相应的时间才能重新把注意力集中回去。这会让你完成计划内容的学习时间延长30%，比如你全神贯注30分钟能完成的事情就需要40分钟才能完成，还不包括受干扰的时间。

　　学习的时候，是否有很多想法在脑中盘旋，挥之不去，转移你的注意力？

　　制作一本创意手册，把你所有突发的灵感、创意都记录下来。通过这种方式告诉你的潜意识，这些想法对于你来说是重要的。一旦写下来，你就能重新专注于学习了。

　　学习结束后再去慢慢研究你的创意手册。

心流——通往幸福之路

米哈伊·奇克森特米哈伊是著名的美籍匈牙利裔心理学家，他跟他的学生一起围绕"幸福的真意"进行了多年的研究并发现，幸福的人拥有许多"心流"体验。

如果你为了完成一项任务完全发挥出自己的能力，你就会感受到心流。要想体验心流，切忌将挑战设定得过高，否则就会产生挫败感和恐惧感；也不能将目标设定得过低，否则就会感到无聊！

如果你设定的挑战与你的能力相符，那么就会产生心流，并且获得巨大的幸福感。

心流体验的典型特征：

● 　全神贯注；

- 内在动力；

- 激情。

在所有的生活领域，即学习、体育、休闲及和家人朋友的相处中，都能获得这种心流体验。下图说明的就是通往幸福之路的心流体验。

心流示意图

小结

- 成为时间专家并不意味着在将来能做更多事情，而是做正确的事情，因此你必须决定哪些事情对于你来说是重要的，哪些是不重要的。
- 抓住时间小偷，将来你就有更多的时间去做重要的事情，给自己带来成功和快乐。
- 变得幸福并不是靠单纯地"享受幸福"就能实现，成功和满足必须靠自己去挖掘自身潜力并正确运用才能实现。
- 如果你设定的挑战与你的能力相符，就能获得心流体验。

② 明确目标，迈向成功

- 为了让梦想在未来成为现实，你可以做什么？

- 你希望在哪些领域获得成功？如何才能获得成功？

- 目标的描述能决定是否成功吗？

只有15%的人认为自己是幸福的——这是"心流"概念的创造者米哈伊·奇克森特米哈伊的一项调查结果。受调查者列举了自己感到幸福的不同原因。有趣的是，所有幸福的人都给出了一个共同的理由："我有目标！"

他们认为，明确的目标使生活变得有意义，让他们每天都感到很幸福。

激发目标

你可能在不同领域——学业、事业、个人、物质或者社会——都有追求的目标，其中最重要的一点是：你必须有实现目标的决心。

如果有明确的目标，那么早上起床的动力就不再像要去上学或想上厕所那样是一种单纯的约束或生理需求。因为当目标摆在眼前时，每天早上你都会期待新的开始，因为每一个新的开始都意味着你离目标又近了一步。

　　正确的设定和规划将加快目标的实现。

设定未来

如果你积极面对，把握生活，那么就能自己设定未来。但是如果你只是被动地接受生活，让别人决定你的道路，那就无法左右自己的未来，并有可能因此失去很多过上幸福生活的机会。

☺ 爱上你的梦想

你是否曾经问过自己：

- 我人生中最大的梦想是什么？

- 我必须完成的目标是什么？

梦想会给你带来一股不寻常的能量，助你振翅高飞。思忖一下能让自己真正爱上的梦想吧！爱上梦想会让你离梦想更近，会给你的人生带来特殊的意义。

请跟随梦想的口号：不要让你的生活成为梦想，而是让你的梦想成为生活！

☺ 踏上发现之旅

把你的生活想象成一次发现之旅。旅途中有很多条路通往不同的方向，但不是每条路都能把你带到希望去的地方。

选错路或者做错了决定并不意味着失去，因为在通向未来的旅途中经过的每一站都是能给你带来价值的新体验。关键在于，你必须开放地面对新事物，在必要时能灵活改变选择，调整方向，这是未来成功与否的决定性因素。

只有善于提问的人才能找到正确答案，所以你必须具有探索精神。可以向朋友、父母、老师、兄弟姐妹或专家提问。

网络不断发展成为现在最重要的信息载体，但与此同时，从持续增加的信息中筛选出重要信息也将成为一种新的挑战。

☺ 相信你和你的强项

自信——相信你和你的强项——是成功的一个重要因素。专注于你的强项，提高你想在未来持续发展的能力。

梦想成功

没有目标的人终将迷失自我。

——美国前总统　亚伯拉罕·林肯

如果你知道自己的目标，就能做到有的放矢。

为了让你明确自己梦想的成功，我们制定了以下战略。

☺ 步骤 1：制订愿望清单

制订两个愿望清单。在第一个清单上记下你的个人愿望，在第二个清单上记下你的学习愿望。现在，请用足够的时间回答以下问题：

在学习方面我希望获得哪些成功？

在个人方面我希望获得哪些成功?

例如:

- 我希望成绩单上的平均分是2.5分。①

- 我希望英语成绩是2分。

- 我希望和我的乐队赢得比赛。

- 我希望能成为最佳射手。

让你的愿望飞起来吧!

☺ 步骤2:选出愿望TOP3

休息一下,然后分别从两个清单中选出学习和个人愿望TOP3。

为了实现愿望TOP3,你需要倾注时间和精力,必要时还必须放弃一些其他愿望。

☺ 步骤3:想象成功

如果你能够在心里准确勾画出愿望实现时的情景,那么

---

① 德国学校采用6分制计分,1分最高,4分及格,6分最差。

就证明你的目标是明确的。

所以，想象一下愿望实现时的情景吧！提前享受一下成功的感觉。每个优秀的运动员在重要的比赛前都会想象成功，比如赛场上的滑雪运动员，他们在出发前就已经把自己想象成站在领奖台上的胜利者了。

这种想象会让你将成功设定为自己的一种潜意识，它会在不知不觉中帮助你实现目标。下一个步骤就是，把你的愿望制订成可以具体执行的计划。

目标的描述和规划

你能否成功主要取决于你的个人目标描述。描述目标的时候应该注意以下几点：

☺ 目标描述要符合实际

在描述目标的时候问自己，选择这个目标是否符合实际？你能用自己的力量实现这个目标吗？要知道，也许一点小小的进步（比如数学成绩由及格到良好）就是一个巨大的成功。

☺ 以第一人称描述目标

以第一人称"我……"开始所有的描述。通过这种方式可以明确表示出实现这个目标是你自己的愿望，而不是父母或老师的。

☺ 用现在时进行目标描述

如果用"我将……""希望我可以……"或者"我应该……"这样的字眼进行描述，所表现出来的就是极度的不自信。相反，你应该用现在时，显示出你的目标已经清晰地摆在眼前，而不是将来的事或某种假设。这样的描述更合适："我在下次的英语作业中取得'良好'！"

☺ 明确描述你的目标

注意一定要用明确的、具体的语言进行描述，比如"我将在滑雪中表现得更好"这样模糊的描述根本无法明确表达你的目标。这样的表述更合适："我到夏天要给朋友们展示360度旋转！"

☺ 不要给目标设限

不要用限定性词汇进行描述，比如"有时候""可能""如果是这样或那样"，等等。这些词语是绝对的成功终结者，因为它们会立刻把你内心的怯懦勾引出来。

☺ 积极地描述你的目标

在目标描述中避免使用消极词汇，比如"没有""不""差的"等。消极词汇只会引起消极思想，对实现目标产生负面影响。

☺ 给自己设定一个实现目标的期限

很多目标到最后会不了了之，原因就在于没有为其设定明确的期限。判断目标实现与否，准确的时间限定非常重要。

目标：我在期末考试中的平均成绩达到2.4分以上。

阶段性目标和措施	期限	是否完成
组建学习小组	马上	⬤
制作学习卡片	马上	⬤
制订时间计划表	马上	⬤

（接下页）

阶段性目标和措施	期限	是否完成
英语成绩"良好"	11月30日	●
语文即兴报告	期末	●
期中平均成绩达到2.4分以上	期中	●

其他战略：

- 我每周一制订一份一周学习计划。
- 我遵守每日学习日程，每天多背10分钟英语单词。
- 我在每节物理课上至少回答4次问题。
- 我每周三（下午4~6点）和我的学习小组一起学习数学和物理。
- 我在每次班级作业前两周开始练习。

☺ 用"腊肠战略"规划目标

　　如果你已经对目标进行了正确的描述，那么现在就可以开始具体的目标规划。你应该像做腊肠一样先把目标分成小段，逐步达成每个阶段性目标，最后实现最终目标。

将可能的阶段性目标和措施制作成一张图表，或者借助思维导图进行规划。

小结

- 目标能给予你巨大的能量去实现幸福的生活。
- 将你的生活和未来握在自己手中，专注于你的强项及你想持续发展的能力。
- 思考什么是你真正想实现的。一旦明确了愿望和目标，就更容易专注于重要的事情，抛弃不重要的琐事。
- 有效地描述你的目标，依据"腊肠战略"进行目标规划。将你的目标分成小段，制定相应措施，确保目标的实现。

③ 独立处理
时间

- 如何才能做到事半功倍?

- 你知道什么时间你的效率最高吗?

- 如何才能认清自己的任务?

　　19世纪，意大利经济学家、社会学家维尔弗雷多·帕雷托提出，意大利20％的人口拥有意大利80％的财富。该论断就是著名的帕雷托法则，也称为80/20法则。这种现象在很多领域被证实：

- 足球比赛中20％的球员踢进总进球数的80％。

- 一个班级20％的学生在一节课中发言的时间占总发言时间的80％。

- 唱片市场中20％的CD的销量占总销量的80％。

这种现象也同样反映在个人时间管理中：

正确使用20％的时间，就能达到80％的成就。

这对于你来说意味着：

只要正确地利用时间，那么你只需要付出20％
的时间，就能获得80％的成就。

将来，在学习上花更少的时间取得更好的成
绩，不好吗？

接下来我们将告诉你如何才能做到事半功倍。

一日之计在于晨

一日之计在于晨，早上的状态就决定了这一天的幸福和成功。

☺ 成功战略1：快乐并保持微笑

身体和精神是不可分的整体。如果你目光呆滞、坐姿僵硬，那么感觉也一定很糟糕。相反，如果你的表情愉快、姿态放松，那么就能保持积极的情绪。早上的时候就要注意到自己的身体语言，它发出的信号越积极，你这一天成功的几率就越大。另外，其他人对友善的人也会倍加友善。

☺

如果你感觉不好，这是一个很有效的练习——站到镜子前面，把嘴咧开到最大，微笑两分钟，保持完全的笑脸。微笑练习结束后，你就会感觉好一些了。一方面你必须回应自己的笑容，另一方面嘴角尽量上扬会拉动脸部肌肉神经，给大脑发送信号，激发产生幸福的荷尔蒙，从而提高你的情绪。

☺ 成功战略2：思考每一天

每天早上问自己：

- 我今天要做什么才能让今天更成功、更幸福?
- 我今天要做什么才能让自己离目标更近?
- 我今天要给什么人快乐?

这样朝着正确的方向，开始新的每一天。

☺ 成功战略 3：能量饮食

如果饮食均衡正确，那么你做事就能更加专注，状态更佳，效率更高。饮食正确并不意味着你吃不到各种美食，而只是注意尽量少吃油腻的食物，尽可能放弃甜食或者加糖饮料。维生素、矿物质和微量元素能给你提供能量。记住下面的建议：

- 早餐吃一份可口的燕麦片或全麦面包。
- 每天食用新鲜的水果或蔬菜，喝鲜榨果汁或蔬菜汁。
- 多喝矿泉水或者软饮料。
- 注意摄取综合性碳水化合物（全麦面包、营养面条、纯天然稻米、土豆）。

大部分高热量、高脂肪的食品（如炸薯条、可乐），它们很可口是因为其中的添加物能勾起大家的胃口，其实糖跟毒品一样让人难以割舍。记住要调整你的饮食习惯，追求健康和美味的双赢。

☺ 成功战略 4：慢跑

慢跑能增强你身体的耐力，这样在学习和工作上也能更加持久坚忍，更能达到事半功倍的效果。如果你在慢跑中不会感到乏力，那么在学习中也能更持久地专注。

测一测：

从明天起每天匀速跑步半小时，不要让自己喘不过气来。如果有朋友和你一起跑，你们在跑步的时候能毫不费力地聊天，那么速度就是适宜的。在这种慢速跑步中，身体能获得更多器官运作所需的氧气。这些氧气会直接进入你的大脑，让你的头脑清醒，这样学习会更加高效、更有创造力。这一效应也出现在其他运动项目中，比如骑自行车、溜冰、滑雪、游泳……

☺ 成功战略 5：掌握你的时间

每个人每天都会在某个特定时间效率高，而在其他时间效率低。具体时间段取决于个人的日常作息。按照一般情况分析，人在一天的效率曲线如下：

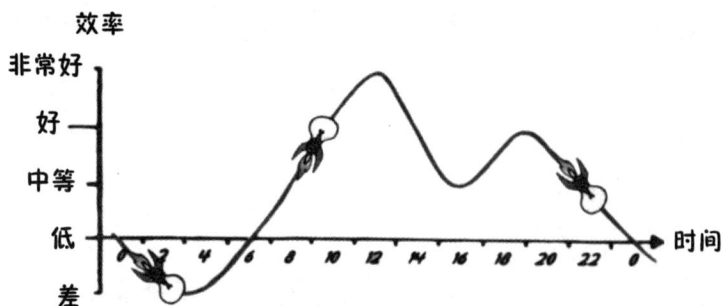

想想自己在什么时间效率最高、学习效果最好。如果不能马上说出来，那么就在接下来的几天观察一下并选择一个成效最好的时间段，以后就把重要的任务放在效率最高的时间段做。事半功倍，指日可待。

处理混乱，专注重点

你也像很多人一样迷失在一大堆混乱里，看不清任务到底是什么吗？这些迷失的人分不清主次，无法专心做重要的事。只有正确权衡不同任务的重要性之后，才能找准方向。

☺ 优先级别 A：特别重要的任务

任务 A 是现在最重要的任务。这类任务一方面包括必须当天解决的，另一方面包括对你实现目标有促进作用的。

☺ 优先级别 B：比较重要的任务

任务 B 的重要性仅次于任务 A，而且并不一定要在当天完成。

☺ 优先级别 C：相对不重要的任务

任务 C 在时间上有松动，可以在完成任务 A 或 B 后再执行。还有一些任务 C，如果仔细想想会发现它们其实完全不重要，根本不需要处理。

> **建 议**
>
> 把明天要完成的事情列在一张清单上，把学习和个人任务分开，判断任务的重要性，然后按照你完成任务的时间把任务分成 A、B、C 三个级别。

首先专注于优先级别 A 的任务，因为按照帕雷托法则，这么做能让你在 20% 的时间内收获 80% 的成果。

学习任务	优先级别
数学家庭作业	B
语文家庭作业	A
生物家庭作业	A
为英语课堂作业做准备	A
学习历史	C
买新书包	B

个人任务	
给班德买礼物	A
打电话给蕾娜	B
慢跑30分钟	A
浇花	C

轻松面对

大多数人都认为，如果他们能在短时间内完成很多事情才算获得成功。他们忙碌地与时间赛跑，感觉自己必须做的事情如此之多，甚至于同时做几件事情，但是最后通常都无法真正专注于某项任务。现在越来越多的人这么生活，因此越来越多的人积劳成疾。

☺ 冷静专注，迈向成功

如果你能更加冷静专注地处理任务，那么从最终效率来看，你工作的速度其实更快，效率也更高。

为了防止你陷入时下流行的匆忙焦虑中，我们推荐以下的呼吸运动：

找一个安静的地方，坐下或者躺下，专注于呼吸。用鼻子慢慢地深吸气，同时在脑子里数 1 - 2 - 3 - 4 - 5，停止吸气，接着数 6 - 7。然后用嘴巴呼气，同时在脑子里数 7 - 6 - 5 - 4 - 3 - 2 - 1。稍事休息，然后重复刚才的呼吸。10次深呼吸之后，你会感觉重新静下心来，能够专注处理任务了。

☺ 梦幻之旅

放松的另一个好方法是进行思想的梦幻之旅，它能为你积累完成学习和个人任务的能量。躺在一个舒适的地方，让你的大脑游离到一个特别惬意、安静的想象世界。这个世界可以是美丽的白色沙滩、一块林间空地，也可以是一座海上宫殿，甚至一颗行星。每天都花一点时间到这些地方旅行，让思绪自由翱翔。如果配上轻音乐就更好了。

小结

- 良好的心态、恰当的思考、正确的饮食和运动，以及按照个人日常效率曲线的作息是成功的一天的必要准备。

- 通过设定优先级别给积累成山的任务分类，就能让你专注于重要的事情，专注于让你在学习和个人方面更成功的事情。

- 做到了以上两点，你就能冷静地面对未来，成为"时间专家"。

④ 像专家一样 规划时间

- 你知道思维导图吗?

- 规划日程时应该注意些什么?

- 如何才能成为"时间专家"?

现在是时候了，你可以开始你的专业时间管理了。

正如你之前获悉的那样，每一个时间管理都从个人目标的设定开始。为实现目标而计划的措施，最终都体现在日程规划中。你还可以在成功日记中写下每天的愿望和目标。现在我们将给你展示一种思维导图，帮助你进行规划。这是一种既包括了左半脑的思维能力，也包括了右半脑的想象能力的独特方法。

用思维导图进行规划

这种方法适用于所有规划，如整理思路、制定备忘录、构思作文、准备报告或者讲稿纲要等。

借助思维导图法进行规划

借助思维导图你可以更全面地了解要规划的事情。思维导图能够不断添加新的创意，不断扩展，因此成为最受欢迎的思维整理和规划方法。它的运用模式如下：

- 在一张大白纸的中间写下一个主题（你想处理或者考虑的事情），尽量选择没有线条或者格子的纸。

- 从中心出发，每一个要点画成一条分枝，次要点添加为分枝的枝丫。

- 用关键词作为分枝和枝丫的代号，用少量关键词代替执行内容。

- 用带颜色的记号和标志突出你的想法，你也可以用箭头把各个枝干联系起来，突出相互之间的关系。

● 完成后，你应该牢记这张思维导图。尝试将它作为

一个整体用你的眼睛拍摄下来，存储在脑海里。

这种方法在管理领域被成功地运用于思维整理和规划中。

下面是一个思维导图实例：

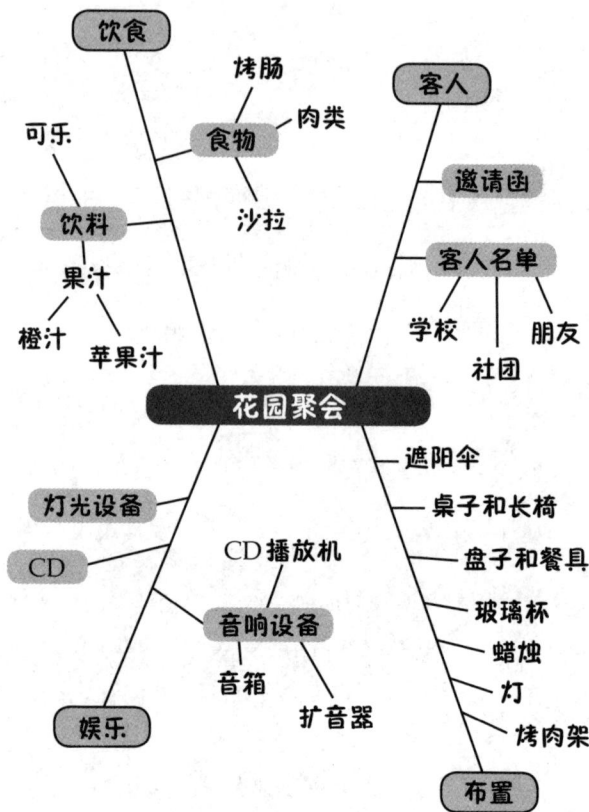

花园聚会规划图

日程规划示范

专业的时间管理还包括日程规划，它能将你的目标一小步一小步地实现。你可以按以下建议实现理想的日程规划（参见第62、63页日程表示例）。

☺ 日程

在这一栏中填入你每天的固定日程，比如上课、个人学习时间、休闲活动、约会等，并标注出每个日程的时长。

☺ 家庭作业

在这一栏中填入这一天布置的所有家庭作业。把每一项任务划入优先级别 A、B、C。

- 优先级别 A：这类任务必须在当天处理。

- 优先级别 B：这类任务是重要的，但并不一定要在当天处理。如果任务 A 完成了，可以着手处理。

- 优先级别 C：这类任务还有缓冲时间，在完成任务 A 或者 B 之后再去处理，其中也可分出优先级别 A 或者 B。

- 任务完成后就在右栏做上记号勾除。如果你把任务推到了另一天，那么就用记号标示出来。

☺ 额外学习

在这一栏中记下你额外的学习内容，比如预习、复习、查漏补缺等。

☺ 个人计划

在这一栏中记下你的个人任务，把已经处理的用记号勾除，把尚未处理的安排到其他时间。

☺ **每日小结**

一天结束的时候做一个小结是非常有意义的，给自己打分，评价一天的学习和个人生活。

☺

建议

复印第64、65页，制定自己的日程表。

日程表

日期	11月14日星期一	完成
时间		**完成**
7:00		
8:00	学校	
9:00		
10:00		
11:00		
12:00		
13:00		
14:00	慢跑	√
15:00		
16:00	家庭作业	√
17:00		
18:00		
19:00	额外学习	√
20:00		
21:00	电影院	√
22:00		

62

日期	11月14日星期一	
优先级别		完成
	家庭作业	
A	英语：抄单词	√
A	数学：作业第86页2A~G	√
A	语文：朗读课文第24~26页	√
B	历史：准备报告	
C	生物：整理笔记	
	额外学习	
A	英语：语法第16~18页	√
	个人计划	
A	打电话给汤姆	√
A	预定贺卡	√
B	给桑德拉买礼物	

每日小结

学习 ① ② ③ ④ ⑤

个人 ① ② ③ ④ ⑤

日程表

日期		
时间		完成

日期

优先级别		完成

每日小结
学习 ① ② ③ ④ ⑤
个人 ① ② ③ ④ ⑤

成功日记

成功日记能让你清楚地知道自己追求的个人目标和成就。这不仅能带来乐趣，而且能让你取得更高的效率。成功日记可分为三个部分：

😊 我的学习和个人目标

在成功日记的第一页写下你这一年的目标。

😊 我的一天

接下来每天回答以下问题：

- 为了实现目标我今天做了什么事情？

- 今天什么事情取得了好成绩？

- 我今天做的什么是我不久后会改变的？如何改变？

- 我今天学了什么新东西？

- 哪些人今天让我受到了鼓舞？为什么？

- 今天什么事情让我感觉特别有意思？为什么？

- 我今天给谁带去了快乐？

- 我今天照顾了哪些人？

- 我明天要做什么？

每天结束的时候，花一些时间把答案写在你的日记中——不必写成小说，把你想到的用简短的文字表达清楚就可以了。你也不必每天回答所有问题。一段时间以后，相信这本个人日记会成为你生活的一部分，给你带来很多乐趣。

☺ 我的创意银行

把你的创意写下来，这样就不会因为这些突发奇想而偏离轨道，而且，也许这些思维碎片在以后能起作用。

7

享受你的生活和成功。

6

规划每一天。记住你每天的目标、日程和任务。

5

专注于重要的事情。把你的精力首先集中在能让你成功的事
情上。

4

享受当下。抓住时间小偷，好好利用时间。

3

规划目标。为了实现你的愿望和目标，具体可以采取什么措施。

2

不断寻找你能战胜的新挑战，不断创新，积极面对，那么你就能
获得很多心流体验。

1

生成你对未来的梦想，这个梦想是你的。同时认识到自己因梦想
和憧憬而产生的特殊能量。

小结

· 你的学习和个人目标是时间规划的出发点。所有能够实现目标的措施和活动都非常重要，你应该为此付出相应的时间和努力。

· 借助思维导图进行理想的规划。用这种方法你可以全面了解自己的想法，并找到相应的解决方案。

· 规划的措施和活动最后都记入日程表中。

· 建议你写成功日记，这样能让自己不偏离轨道，始终走在追求成功的正确道路上。